村级民主监督

编 著 余维良 马福云

中国社会出版社

图书在版编目（CIP）数据

村级民主监督/余维良，马福云编著．—北京：中国社会出版社，2006.9

（村务管理系列培训教材）

ISBN 978－7－5087－1193－5

Ⅰ．村…　Ⅱ．①余…②马…　Ⅲ．①农村—基层组织—民主—监督—中国　Ⅳ．D638

中国版本图书馆CIP数据核字（2006）第099749号

书　　名：村级民主监督
编　　著：余维良　马福云
责任编辑：杨　晖

出版发行：中国社会出版社　邮政编码：100032
通联方法：北京市西城区二龙路甲33号新龙大厦
电　话：（010）66080300　（010）66083600
（010）66085300　（010）66063678
邮购部：（010）66060275　电传：（010）66051713
网　　址：www.shcbs.com.cn
经　　销：全国各地新华书店

印刷装订：中国电影出版社印刷厂
开　　本：140mm×210mm　1/32
印　　张：4.875
字　　数：135千字
版　　次：2006年9月第1版
印　　次：**2014年7月第5次印刷**
定　　价：8.00元

总序　造就新农民 建设新农村

李学举

党的十六届五中全会作出了建设社会主义新农村的战略部署。在社会主义新农村建设过程中，大力发展农村文化事业，努力培养有文化、懂技术、会经营的新型农民，既是新农村建设取得进展的重要标志，也是把社会主义新农村建设不断推向前进的基本保证。

为落实中央的战略部署，中央文明办、民政部、新闻出版总署、国家广电总局决定，将已开展三期的“万家社区图书室援建和万家社区读书活动”由城市全面拓展到农村，“十一五”期间计划在全国三分之一以上的村委会开展农村图书室援建和读书活动，使两亿多农民由此受益，让这项造福城市居民的民心工程同时也造福亿万农民群众。中央领导同志对此十分重视，中共中央政治局委员、国务院副总理回良玉同志作出重要批示：“发展农村文化事业是新农村建设的重要内容，也是农村发展中一个亟待加强的薄弱环节。在农村开展图书室援建和读书活动，为亿万农民群众送去读得懂、用得上的各种有益书刊，对造就有文化、懂技术、会经营的新型农民，满足农民全面发展的需求，将发挥重要作用。对这项事关农民切身利益、事关社会主义新农村建设的重要活动，要精心组织，务求实效。”

中共中央政治局委员、中央书记处书记、中宣部部长刘云山同志也作出重要批示。他指出："万家社区图书室援建和万家社区读书活动，是一项得人心、暖人心、聚人心的活动，对丰富城市居民的文化生活、推动学习型社区建设发挥了重要作用。这项活动由城市拓展到农村，必将对丰富和满足广大农民群众的精神文化生活，推动社会主义新农村建设发挥积极作用。要精心组织，务求实效，把这件事关群众利益的好事做好。"

为了使活动真正取得实效，让亿万农民群众足不出村就能读到他们"读得懂、用得上"的图书，活动的主办单位精心组织数百名专家学者和政府相关负责人，编辑了"建设社会主义新农村书屋"。"书屋"共分农村政策法律、农村公共管理与社会建设、农村经济发展与经营管理、农村实用科技与技能培训、精神文明与科学生活、中华传统文化道德与民俗民风、文学精品与人物传记、农村卫生与医疗保健、农村教育与文化体育、农民看世界等10大类、1000个品种。这些图书几乎涵盖了新农村建设的方方面面。"书屋"用农民的语言、农民的话，深入浅出，使具有初中文化水平的人就能读得懂；"书屋"贴近农村、贴近农民、贴近农村生活的实际，贴近农民的文化需求，使农民读后能够用得上。

希望农村图书室援建和农村读书活动深入持久地开展下去，使活动成为一项深受欢迎的富民活动，造福亿万农民。希望"书屋"能为农民群众提供一个了解外界信息的窗口，成为农民学文化、学科技的课堂，为提高农民素质，扩大农民的视野，陶冶农民的情操发挥积极作用。同时，也希望更多有识之士参与这项活动，推动农村文化建设，关心支持社会主义新农村建设。

值此"新农村书屋"付梓之际，以此为序。

序 言

我国有十三亿多人口，九亿在农村。农业、农村和农民问题，是关系我国改革开放和社会主义现代化建设全局的重大问题。党的十六届五中全会提出了“建设社会主义新农村”的重大历史任务，要求按照“生产发展、生活宽裕、乡风文明、村容整洁、管理民主”的要求，扎实稳步推进新农村建设。

加强农村民主政治建设，完善建设社会主义新农村的乡村治理机制，既是建设社会主义新农村的重要内容，也是建设社会主义新农村的重要保障。近些年来，随着村委会组织法的贯彻实施，以民主选举、民主决策、民主管理、民主监督为主要内容的村民自治取得了长足进展，自治组织不断加强，自治活动不断规范，自治制度不断完善，自治权利不断落实，村民自治已经成为发展社会主义民主政治，建设社会主义政治文明的重要内容和基础性工作，日益显示出巨大的政治优势。实践证明，村民自治的健康发展，不仅需要较为完善的法律、法规和政策作保障，而且需要农村基层干部群众民主法律素质的不断提高。而提高干部群众素质的一个有效途径就是加强农村干部群众的宣传、教育和培训，普及村民自治知识。近些年来，在党委、政府的正确领导下，各级民政部门按照法律、法规和政策的要求，多方筹集资金，积极开展乡村干部培训，分期分批培训乡村干部，培训村民小组长、村民代表、村务公开监督小组和村民民主理财小组成员，并取得显著成效。在这个过程中，历时五年的中国—欧盟村务管理培训项目，在开发培训教材，利用互动式、参与式方法开展培训等方面，发挥了示范和推动作用。摆在读者面前的这套村务管理系列培训教材就是项目专家聚智聚力的产物，组织编写的面向农村基层干部和农民群众的普及性、知识性读物。

这套教材围绕村级民主选举、民主决策、民主管理、民主监督，引入了互动式教学方法，向广大农村基层干部群众普及村民自治知识，在已有的培训活动中深受学员和教员的欢迎，而且每本教材都有独到之处，有的是以文说图、图文并茂，有的以案说法、文法结合，有的以表说事、文表互补，有的是以法说案、举一反三，有的以游戏活动穿插其间、寓教于乐，把枯燥的法律条文变成了生动的文字和教学活动。每本教材都可以单独作为教学课件，既有供教员使用的教材，又有供学员自学使用的手册或辅助材料，是近几年来难得多见的一套实用性培训教材。希望这套教材在今后的村民自治培训中能得到更广泛的推广和使用，发挥更大的作用。

二〇〇六年四月二日

目录

第一单元

绪论

法律和中央政策

村委会组织法

第十八条　村民委员会向村民会议负责并报告工作。村民会议每年审议村民委员会的工作报告，并评议村民委员会成员的工作。

村民会议由村民委员会召集。有十分之一以上的村民提议,应当召集村民会议。

第二十二条　村民委员会实行村务公开制度。

村民委员会应当及时公布下列事项，其中涉及财务的事项至少每六个月公布一次，接受村民的监督：

(一)本法第十九条规定的由村民会议讨论决定的事项及其实施情况；

(二)国家计划生育政策的落实方案；

(三)救灾救济款物的发放情况；

(四)水电费的收缴以及涉及本村的村民利益、村民普遍关心的其他事项。

村民委员会应当保证公布内容的真实性，并接受村民的查询。

村民委员会不及时公布应当公布的事项或者公布的事项不真实的，村民有权向乡、民族乡、镇人民政府或者县级人民政府及其有关主管部门反映，有关政府机关应当负责调查核实，责令公布；经查证确有违法行为的，有关人员应当依法承担责任。

中共中央办公厅、国务院办公厅关于在农村普遍实行村务公开和民主管理制度的通知（中办发[1998]9 号）

要随着形势的发展变化和村民的要求，及时调整、充实村务公开的内容，真正做到凡涉及群众切身利益的大事，都以一定形式向村民公开，接受群众的监督。

…… ……

要善于运用村务公开这种有效形式，切实加强民主监督。

中共中央办公厅、国务院办公厅关于健全和完善村务公开和民主管理制度的意见（中办发[2004]17 号）

进一步强化村务管理的监督制约机制，保障农民群众的监督权。

设计：乌伟

小故事： 李爱国、68岁，邱大任、66岁。两人生在大王村，长在大王村，是邻居又是棋友。一天，两人边下棋边聊天。大任说："爱国兄，昨天村民委员会公布了阳光钢厂征地186亩的补偿情况，你领到补偿费了吗？"爱国说："大任弟，征了我8亩责任田，我领了 145元。据说这次征地国家给的补偿费有1000多万元哪，咱村才160多人，怎么才领到这点钱？"大任说："是啊，这件事涉及咱全村人的利益，咱应该弄个明白。走，到村民委员会问问，这钱都怎么花的！"

想一想： 国家法律和中央政策，赋予了村民监督村民委员会工作和村民委员会成员行为的权利。村中的财务、事务和上级政府交办的政务都应向村民公开，接受村民监督；村"两委"决策涉及村民利益的大事，也应接受村民的监督。故事中的李爱国、邱大任两兄弟到村民委员会查问征地补偿费，正是村民应享受的民主监督的权利。只有村民都能拿起民主监督的武器，村内的民主选举、民主管理和民主决策才能落到实处，村民自治才有保障。不然的话，村民的各项权利难以得到保障，村民自治也将成为一句空话。村民怎样实行监督，监督什么，用什么形式监督，监督有什么意义等，正是本单元要讨论和阐述的问题。

一、什么是村级民主监督？

答：村级民主监督涉及这样几个关键词：村级、村民委员会工作、村委会成员行为、监督。

村级——指一个个经批准建制并选举产生的村民委员会；

村民委员会工作——指村民委员会组织任期内办理的村务和政务；

村委会成员行为——指组成村民委员会的主任、副主任、委员个体在任期内履行职责的情况；

监督——指监察、督促。

由此可见，所谓村级民主监督，就是在一个建制村内，村民通过村民会议、村民代表会议、村务公开等形式，或村务公开监督小组、村民民主理财小组等组织，对村民委员会任期内办理的村务和政务，村委会成员任期内履行职责的情况进行的监察和督促。

村民对村级事务实行民主监督，是村民依法实行民主选举、民主决策和民主管理的保障，是村民自治的重要组成部分和重要内容，是村民在村民自治中依法应享有的权利。为此，中办发[2004]17号文件强调要“进一步强化村务管理的监督制约机制，保障农民群众的监督权。”村民的监督权是村民参政议政的一项重要内容，其目的在于村民督促村民委员会或村委会成员，认真履行法律和政策赋予的职责，保证村民自治正常运转和健康发展，推进农村基层民主政治建设。

正因为村级民主监督是村民依法享有的权利，所以，村级民主监督具有以下特点：

1．群众性。是指村级民主监督的主体是村民群众，是村民群众监督村民委员会的工作，监督村委会成员的行为。因此，村级民主监督工作，应广泛发动村民群众积极参与监督，只有村民群众积极广泛参与监督，才能把村级民主监督落到实处。

2.直接性。是指村民个体直接监督村民委员会，或村民通过村民会议等形式直接监督村民委员会工作。不论是村民个体监督还是村民通过会议监督，都是直接监督，这是村民自治组织的一大显著特征。

3.制度性。是指村级民主监督要形成制度，建立行之有效的监督机制，用制度监督、用制度保证监督。这样，就能定时、定期、定内容实施监督，否则，没有制度作保证，村民实施监督就是一句空话。

二、村级民主监督与其他“三个民主”的关系是什么?

答:《村委会组织法》规定:“村民委员会是村民自我管理、自我教育、自我服务的基层群众性自治组织，实行民主选举、民主决策、民主管理、民主监督。”由此，民主选举、民主决策、民主管理、民主监督(以下简称“四个民主”)就成为村民自治的核心内容。

“四个民主”不是一下子形成的，而是随着村民自治实践的发展和基层群众的创造而逐步提炼、归纳而成的。在村民自治开展的初期，最早受到关注的是民主选举，其次是民主决策，再次是民主管理，最后是民主监督。“四个民主”，1997年被写进党的十五大政治报告，1998年载入《村委会组织法》，2002年再次写进党的十六大政治报告。对此，江泽民同志曾多次把村民自治与包产到户、乡镇企业一并誉为改革开放以来党领导下我国农民的三个伟大创造。

“四个民主”揭示了农民群众在基层社会生活和村民自治中当家做主权利的完整性、统一性。四者是相互依存、相互渗透、相互衔接、相互促进，你中有我、我中有你的关系。它通过法律规定的运行规则和程序，形成了村民自治完整的有机整体，贯穿于农村基层民主政治建设的实践之中。民主选举就是由本村有选举权的村民直接选举村委会主任、副主任和委员，它是村民自治的基础；民主决策就是凡是涉及全体村民利益的事项和村中的重大问题，都要提请村民会议或村民代表会议讨论决定，它是村民自治的关键；民主管理就是依据党的方针政策和国家的法律法规，结合本村的实际情况，由全体村民讨论制定的村规民约、村民自治章程实施管理，它是村民自治的根本；民主监督就是村民通过法定组织和法定形式对村民委员会的工作及其成员的行为进行监督，它是村民自治的保障。

村级民主监督既然在“四个民主”中起保障作用，贯穿其他“三个民主”之中，那么监督工作能否落实，村民是否真正对村民委员会的工作及其成员实施监督，对其他“三个民主”是有巨大影响的。民主监督到位了，民主选举、民主决策、民主管理就能依法进行，村民的民主权利就能得到保障，村民自治工作就能健康有序发展；反之，民主监督不到位，民主选举、民主决策、民主管理就会出现这样或那样的问题，就会影响村民民主权利的行使，就会影响村民自治工作。

村民主理财小组正在审查村民委员会开支账目

三、村级民主监督应遵循哪些原则？

答：村级民主监督，监督的行为主体是村民，被监督的对象是村委会干部，监督的事项是村民委员会的工作及村委会成员的行为。然而，村民的监督不是无原则的监督，而应遵循一定的原则，这样才能保证监督的质量。根据有关法律和政策，村级民主监督应遵循下列原则：

1.依法的原则。村民监督村干部的工作，是法律和政策赋予村民的权利，因此，村民的监督也应依法进行。这里所说的依法进行，一方面是指村民可以通过法定的村民会议、村民代表会议、村务公开等形式，对村民委员会的工作进行评议、审议和质询，实施监督；另一方面是指村民还可以通过法律和政策规定的村务公开监督小组、村民民主理财小组等组织对村民委员会的工作实施监督。总之，监督要有组织、要有秩序，不能完全由着自己的性子，甚至无理取闹、发泄个人私愤。

2.实事求是的原则。村民对村民委员会的工作及村委会成员的行为实施监督，一定要坚持实事求是的原则，这是对监督工作的基本要求。所谓实事求是的原则，就是村民在给村民委员会或村委会成员提意见的时候，要有一说一、有二说二，实事求是；是白的就说是白的、是黑的就说是黑的，不能颠倒黑白；事情原委是什么样子就说什么样子，不添油加醋。只有坚持实事求是的原则实施监督，才有利于研究问题、解决问题，才有利于改进工作、促进工作，才有利于认识错误、改正错误，才能达到监督的目的。否则，不仅达不到监督的目的，反而会引起误会、引起猜疑，甚至引发其他矛盾，造成不团结。这个问题应引起各级领导和村委会干部的重视，教育村民实事求是地进行监督。

3.与人为善的原则。就是村民在审查、审议和质询村民委员会工作，在评议村委会干部、给村委会干部提意见时，应本着善意的精神、友好的精神和团结的精神提出，使其能接受、易于接受、勇于接受；在对村民委员会办理村务，村委会成员履行职责实施监督时，应以工作为重、大局为重、集体为重的精神，抛去私心、出以公心予以监督，这样，不仅能使被监督者易于接受，而且还能使村民群众的利益不受损害，村庄里的集体财产不受损失。监督的目的，是使人不犯错误或少犯错误，是使财产不受损失或少受损失，而不是整人、不是出气、不是泄私愤。这个问题也应该给村民讲明白，本着与人为善的原则实施村级民主监督。

四、村级民主监督的内容有哪些？

答：村民委员会虽然管辖的地域有限、管辖的人口有限，但它是农村社区的群众性自治组织，社区内的政治、经济、文化、社会等各方面的问题都需要村民委员会实施管理，因此，村级民主监督的面也十分宽泛。根据《村委会组织法》和《中共中央办公厅、国务院办公厅关于进一步做好村民委员会换届选举工作的通知》(以下简称中办发[2002]14号文件)以及中办发[2004]17号文件的要求，村级民主监督的内容主要有：

1.村级民主选举方面。村民有权监督村民委员会选举是否有“威胁、贿赂、伪造选票等不正当手段，妨害村民行使选举权、被选举权，破坏村民委员会选举”的行为；有权监督村民委员会选举是否依照法定程序进行，有无违法事件发生；有权监督村民委员会选举是否依法按时进行，有无指选、派选情况；有权监督是否有随意撤换村委会成员的行为；有权提出罢免议案，监督罢免程序是否合法等。

2.村级民主决策方面。村民有权监督《村委会组织法》第十九条规定的事项，村民委员会是否提交村民会议或村民代表会议讨论决定；有权监督村级民主决策的内容、形式或程序是否按中办发[2004]17号文件规定办理；有权监督村“两委”在把议案“提交村民会议或村民代表会议讨论时”，是否“会前向村民或村民代表公告，广泛征求意见，会后及时公布表决结果”；有权对村级民主决策事项的实施情况跟踪监督。

3.村级民主管理方面。村民有权监督村规民约、村民自治章程是否通过村民会议由全体村民讨论制定；有权监督村“两委”，特别是村民委员会聘用电管员、水管员、林管员等人事问题和村务管理情况；有权监督村民委员会财务收支、债权债务、财产管理情况；有权监督村民民主理财小组是否认真履行职责等。

4.村务公开方面。村民有权监督村务公开的内容是否真实、是否及时；对内容不真实的公开，村民有权向乡级人民政府或者县级人民政府及其民政部门举报；有权查询村务公开方面的有关资料；有权监督村务公开监督小组是否认真履行职责等。

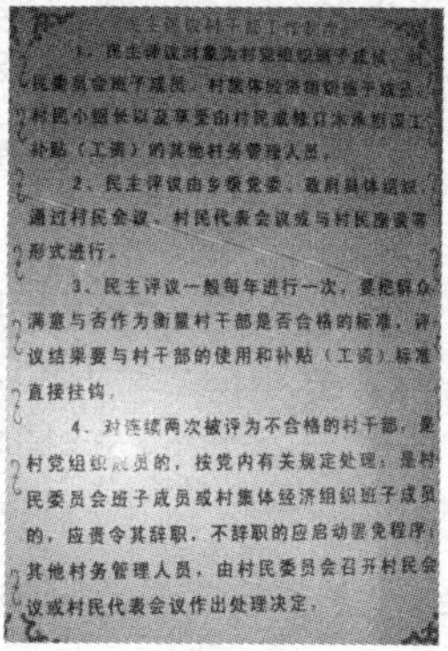

民主评议村委会干部是村级民主监督的形式之一

五、村级民主监督的形式有哪些？

答：在村民自治活动中，民主监督是村民依法应享有的权利。村民的这个民主权利如何行使、怎样行使，这要通过一定的形式来实现。那么，村民实施民主监督有哪些形式呢？根据《村委会组织法》的规定，村民自治体内法定的监督形式主要包括：

1.村民会议或村民代表会议。村民会议或村民代表会议，既是村民自治体内的两种组织，又是村民监督村民委员会工作和监督村委会成员行为的两种形式。《村委会组织法》规定，村民委员会每年至少向村民会议报告一次工作，其目的就是接受村民的评议和审查，村民对报告可以评头论足，发表意见，提出建议，这本身就是对村民委员会的工作进行有效地监督。由此，村民委员会向村民会议或村民代表会议报告工作，也就成为村级民主监督的主要形式。

2.村务公开。《村委会组织法》规定：村民委员会实行村务公开制度。中办发[2004]17号文件强调：要进一步健全村务公开制度，保障农民群众的知情权。这样，村务公开就成为法律和政策规定的村民监督村民委员会工作，特别是监督村财务收支状况的主要形式。村民通过村务公开栏或其他公开形式，可以了解村庄管理的全面情况，了解村“两委”当前办理村务的实际情况，这不仅还干部一个清白，也给村民一个明白。经多年的实践经验证明，村务公开是村级民主监督的行之有效的好形式。

3.民主评议村干部。《村委会组织法》第十八条规定：“村民会议每年审议村民委员会的工作报告，并评议村民委员会成员的工作。”中办发[2004]17号文件规定：“民主评议对象为村党组织班子成员、村民委员会班子成员、村集体经济组织班子成员、村民小组长以及享受由村民或集体承担误工补贴(工资)的其他村务管理人员。”这样，民主评议干部的范围，就由法定的评议村委会干部扩展到全体村干部。由于民主评议干部的范围扩大，评议这种形式的影响也会扩大。评议村干部的本质要求，就是对村干部的工作和行为实施监督，因此，民主评议村干部也是村级民主监督的一种主要形式。

4.罢免会议。《村委会组织法》和中办发[2002]14号文件规定：本村五分之一以上有选举权的村民联名，可以要求罢免村委会成员。罢免要求应当提出罢免理由。被提出罢免的村委会成员有权提出申辩意见。村民委员会应当及时召开村民会议，投票表决罢免要求。村民投票表决村委会成员的罢免问题，这是村级民主监督中最高的监督形式，所以，罢免会议也是村级民主监督的一种形式。

除此之外，村民还享有宪法和法律规定的其他民主监督形式，如向上级机关举报和信访，司法诉讼，求助新闻媒体监督等形式，这些将在本教材第八单元叙述，这里就不赘述。

六、村级民主监督的意义是什么？

村民正在收听有关农村政策的最新消息

答：在村一级建立健全民主监督制度，保障村民对村民委员会工作及其成员的行为实施民主监督，是有其重要意义的。

1.实施村级民主监督，是维护农民群众根本利益、构建和谐社会的重要保证。

我国有13亿人口，8亿多在农村，这就是我们国家的基本国情。农业、农村和农民问题始终是党和国家关注的热点问题。因为它关系到改革开放和现代化建设的成败。没有农村的稳定，就没有全社会和全国的稳定；没有全社会、全国的稳定，改革开放、现代化建设就是一句空话。要保持农村的稳定，首要的问题是关怀农村、关心农民、关注农业，尤其要关心农民的利益，维护农民的利益，使他们真正体会到党的温暖、国家的关怀。为此，党的十六大以来，以胡锦涛同志为总书记的新一届中央领导集体，制定了一系列向农村、农民和农业倾斜的政策。党的政策能否为群众所掌握，国家拨付给农村、农业、农民的款物，能否落到农民手中，是关系农村稳定、农村和谐的大问题。村级实行民主监督，保证党的政策得到落实，保证各种款物及时足额发放到农民手中，可以切实维护农民的利益，有力地促进农村社会的和谐。从这方面说，实施村级民主监督是维护村民群众利益，构建农村和谐社会的重要保证。

2.实施村级民主监督，是健全村民自治、发展农村基层民主的重要内容。

多年的实践证明，村民自治是保证农民群众在党的领导下行使民主权利，参与农村社会事务管理行之有效的制度。然而，村民自治制度，是由民主选举、民主决策、民主管理和民主监督组成的，而且民主监督在“四个民主”中起保障作用，离开民主监督，村民自治就缺失一个重要方面，就缺少一项重要内容，就是不完全、不健全的村民自治，就会影响农村基层民主的发展。另外，没有监督的民主也不成其真正的民主，特别是农村基层，村民委员会是群众性自治组织，由村民选举产生，村民委托他们管理村务，如果不接受村民的监督，由着他们想怎么做就怎么做，就从根本上背离了村民自治的宗旨和轨道。从这方面说，实施村级民主监督，是健全村民自治，发展农村基层民主的重要内容。

3.实施村级民主监督，是防止腐败、促进村委会干部廉政建设的重要途径。

无监督的权力，必然出现腐败，这是一条客观规律。监督，是反腐败的重要措施。监督，是对公共权力实现有效制约的手段。一个好的制度，应该有良好监督机制防止公共权力的滥用。村党组织及其班子成员、村民委员会组织及其班子成员，在某种程度上都或多或少掌握着村公共权力的某一方面或某一项资源。他们是否出以公心，公开、公平、公正地行使权力、分配资源，这不仅涉及村民切身的直接利益，也是农民最关心的热点、难点问题。正因为如此，近年来一些村委会干部侵犯农民权益，侵占农村集体财产，贪污、挪用集体资金的腐败案件屡见报端，有的案件性质恶劣、触目惊心，农民不得不进省城乃至进京上访告状。这一切问题的出现，究其原因是村庄未建立监督制度，缺乏监督机制，村民无监督权利。这不仅给村民和村集体造成重大损失，而且也使不少村委会干部纷纷“落马”，害了他们。如果村庄有健全完善的监督制度，村委会干部接受村民的民主监督，腐败的问题就会减少或杜绝。从这方面说，实施村级民主监督，是防止腐败，促进村委会干部廉政建设的重要途径。

4.实施村级民主监督，是推进农村经济发展、加快农村小康社会进程的重要措施。

村庄真正实行民主监督，建立科学监督制度，完善监督机制，村民对村民委员会工作及其成员的行为实行了全程的监督，那么，村委会干部在作决策、管村务、办事情、签合同等各个方面，就要考虑村民和村集体的利益，为村庄的发展着想；村委会干部就不敢大吃大喝、胡支乱花、贪污腐化，这无疑有利于推进农村经济发展，加快农村小康社会的进程。

第二单元

村级民主监督的主体与监督对象

法律和中央政策

村委会组织法

第十七条　村民会议由本村十八周岁以上的村民组成。

召开村民会议，应当有本村十八周岁以上村民的过半数参加，或者有本村三分之二以上的户的代表参加，所作决定应当经到会人员的过半数通过。必要的时候，可以邀请驻在本村的企事业单位和群众组织派代表列席村民会议。

中共中央办公厅、国务院办公厅关于在农村普遍实行村务公开和民主管理制度的通知（中办发[1998]9号）

扩大基层民主，保证人民群众直接行使民主权利，依法实行民主管理，是健全社会主义民主制度的重要内容。农民是我们党在农村的依靠力量，也是我们国家政权最广泛、最深厚的群众基础。保护和发挥农民的积极性，历来是我们党取得革命和建设胜利的重要保证，也是推进社会主义现代化建设事业顺利进行的必要条件。

中共中央办公厅、国务院办公厅关于健全和完善村务公开和民主管理制度的意见（中办发[2004]17号）

涉及村民利益的重大事项，必须按着决策程序提请村民会议或村民代表会议讨论决定。

小故事： 红旗村，坐落在南方某城市的近郊，是附近有名的城中村。改革开放后，利用外资建起20多个村办企业，各个企业赢利，村民过上了较富裕的生活。但是，20世纪90年代后，在第三届村民委员会换届时，有的村民提出村办企业出现亏损，村集体欠下20多万元的外债。一时，舆论哗然，众说纷纭。村民李木然老汉一家8口(李木然妻子，大儿子、大儿媳、孙子，二儿子、二儿媳、孙女)，晚上边吃饭边聊天，大儿子问李木然："爸，村子里发生的事您知道吗？我怎么一点信息没听到。"李木然说："我听到一点儿消息，但内情也不知道。"二儿子愤然站起来说："爸、哥，这可不行，村里发生的事情与我们息息相关，我们应该知道。"李木然说："孩子们，我们干我们的活儿，少管村里的事，我们问谁去？"

想一想： 故事很平淡，说的是老百姓一家的对话，但说出了很深的问题。一是说明红旗村村务长期不公开、财务长期不公开；二是村务、企业管理混乱；三是村民缺乏监督意识，不知道自己享有监督村民委员会工作和监督村办企业的权利；四是不知道监督的对象是谁，更不知道用什么形式、通过什么渠道实施监督。那么，谁是村级民主监督的主体呢？监督的对象又是谁呢？这正是本单元要讨论和回答的问题。

一、谁是村级民主监督的主体？

答：村民，村民是村级民主监督的主体。

为什么呢？原因有二：

一是我国《宪法》规定："中华人民共和国的一切权力属于人民。""人民依照法律规定，通过各种途径和形式，管理国家事务，管理经济和文化事业，管理社会事务。""全国人民代表大会和地方各级人民代表大会都由民主选举产生，对人民负责，受人民监督。"因此，在我国人民当家做主，人民是国家的主人，人民享有管理国家和社会以及监督国家工作人员工作的权利。在农村，村民是村庄里的主人，村民享有管理村务和监督村庄工作人员的权利。村民自治，自治的主体是村民，村民当家做主，村民是村庄里的主人。正因为如此，法律规定，涉及村民利益的事项，村民委员会必须提请村民会议讨论决定，方可办理。同时，还强调：村民委员会实行村务公开制度，接受村民监督。所以，根据宪法、法律精神，村民理所当然地是村级民主监督的主体。

二是村民委员会行使的公共权力，来源于村民的授予和委托。《村委会组织法》规定："村民委员会由主任、副主任和委员共三至七人组成。”“村民委员会主任、副主任和委员，由村民直接选举产生。”村民委员会成员由村民选举产生，选举其本质过程就是将村民享有的村庄公共权力，通过选举的方式授予和委托给村民选出的村民委员会。因此，村民委员会行使权力的过程、办理村务的情况，理所当然地应接受村民的监督，村民必然是村级民主监督的主体。

村民是实施村级民主监督的主体，村民监督是一项系统工程，不仅需要全体村民的共同努力，更需要自上而下的制度设计，用制度来保障村民监督权利的实现。对于每一个村民来说，个体的力量是有限的，监督也是有限的，但全体村民共同起来监督，作为一个社会群体进行监督，村民群众的力量是强大的。一个村，监督工作做得好坏，关键在于村民群众的监督力量是否真正调动起来了。

那么，怎样调动村民的监督力量呢？首先，要提高村民的监督意识。中国的老百姓，特别是农村的村民，受传统文化的熏陶，“中庸思想”、“和为贵”、“不求有功，但求无过”的观念比较浓厚，村民的监督意识也比较淡薄，为此，县、乡两级党委和政府，尤其是村党组织、村民委员会更应该加大宣传力度，让村民了解监督的渠道，教育村民树立监督意识，提高村民的监督自觉性，使村民积极主动地拿起监督武器，行使监督权利。其次，要发挥村民群众的监督力量，就要让村民享有知情权。知情了才能监督，不知情怎能监督。所以，要像中办发[2004]17号文件要求的那样，让村民真正享有知情权、参与权、决策权和监督权，村民在村务活动中享有了上述“四权”，村民的监督权也就落到实处了，村庄里的监督工作也就做好了。再次，村庄里的监督渠道要畅通。为了把村民群众的监

村民是村级民主监督的主体

督落到实处，村党组织、村民委员会，除要建立健全发点是好的，应该保护村民这种监督的积极性，鼓励村民积极监督。这样村民就没有后顾之忧了。否则，村民提出一个问题，举报一件事情，得到的是打击报复，穿小鞋，甚至是处罚，就会挫伤村民监督的积极性。久而久之，村民的监督积极性也就没有了，村庄的监督工作也就有其名无其实。

二、谁是村级民主监督的对象？

答：村民监督的对象有两个方面：一个方面是监督村级组织，另一个方面是监督村级组织中的成员。

监督村级组织主要是监督村党组织办理村务的情况和村民委员会办理村务、政务的情况。因为村党组织和村民委员会办理的村务，都涉及村民的切身利益，理所当然要接受村民的监督。

监督村级组织中的成员，依据《村委会组织法》的规定主要是监督村委会成员，即村委会主任、副主任和委员。但是，中办发[2004]17号文件，在保障农民群众的监督权的第二个问题，强调民主评议村干部时，却提出“民主评议对象为村党组织班子成员、村民委员会班子成员、村集体经济组织班子成员、村民小组长以及享受由村民或集体承担误工补贴(工资)的其他村务管理人员。”既然上述人员接受村民的评议，那么自然也应接受村民的监督，因为评议本身就是监督的一种形式。因此，监督的对象也就扩大为上述“五种人”。除此之外，中办发[2004]17号文件还规定：村“财务事项发生时，经手人必须取得有效的原始凭证，注明用途并签字(盖章),交民主理财小组集体审核。审核同意后，由民主理财小组组长签字(盖章)，报经村党组织、村民委员会负责人审批同意并签字(盖章)，由会计人员审核记账……财务流程完成后，要按照财务公开程序进行公开，接受群众监督。”这样，除上述“五种人”，村务公开监督小组组长、村民民主理财小组组长也应属于村民监督的对象。

作为受村民监督的村级组织，包括村党组织、村民委员会和村集体经济组织；受村民监督的村务管理人员，包括村党组织班子成员、村委会班子成员、村集体经济组织班子成员、村民小组长和享受由村民或集体承担误工补贴的其他村务管理人员，对村民的监督都应抱正确的态度：一是要欢迎。欢迎村民监督，这不仅对村级组织、班子成员，就是对村民群众来说也是很重要的。对村级组织、班子成员欢迎监督，监督之门永远向村民敞开，就会听到不同声音，有利于改进工作，有利于改正自己的错误；对村民来说就可以解除后顾之忧，有一说一、有二说二，大胆检举揭发，村庄里的监督工作就会落到实处。二是要有则改之、无则加勉。因为村民提的意见和问题，都是他们听到的和看到的，可能与事实有出入或很大出入，对此，村级组织、班子成员应该理解，提得对的就改进，提得不对的也有帮助，有则改之、无则加勉才是正确态度。三是不得打击报复。特别是村党组织的书记、村委会主任，掌握着村中的大权和村中的资源，听到不同的声音，轻则训斥、重则处罚，实质是不让群众监督，关上了监督大门。这种作风是有害的、要不得的，村级组织和班子成员都应十分注意这个问题，树立起欢迎批评的良好作风。

村级党组织、村民委员会和村经济组织是村级民主监督的重要对象

第三单元

村级民主监督的组织及作用

法律和中央政策

村委会组织法

第十七条　村民会议由本村十八周岁以上的村民组成。

召开村民会议，应当由本村十八周岁以上村民的过半数参加，或者由本村三分之二以上的户的代表参加，所作决定应当经到会人员的过半数通过。必要的时候，可以邀请驻在本村的企事业单位和群众组织派代表列席村民会议。

第二十一条　人数较多或者居住分散的村，可以推选产生村民代表，由村民委员会召集村民代表开会，讨论决定村民会议授权的事项。村民代表由村民按每五户至十五户推选一人，或者由各村民小组推选若干人。

中共中央办公厅、国务院办公厅关于健全和完善村务

公开和民主管理制度的意见(中办发[2004]17号)

设立村务公开监督小组。村务公开监督小组成员经村民会议或村民代表会议在村民代表中推选产生，负责监督村务公开制度的落实。村干部及其配偶、直系亲属不得担任村务公开监督小组成员。村务公开监督小组及其成员应当热爱集体，公道正派，有一定的议事能力，其中应有具备财会知识的成员。

…… ……

加强村民民主理财制度建设。村民民主理财由村民民主理财小组代表村民进行，民主理财小组成员由村民会议或村民代表会议从村务公开监督小组成员中推选产生。

小故事： 某城市近郊的仁和村，大量土地被征用。2002年年初，经村民委员会提议，村民代表会议讨论，村民大会表决通过，决定建一座年产30万块砖的煤灰砖场。经费从征地补偿费中支出，可安置村里劳动力100多名。

为早日建成砖场，村“两委”决定由村党支部副书记、村委会副主任王英专门负责建场工作。

不久，砖场开始整理场地，开挖土方。王英将此工程承包给离本村30里外的万家庄的一位姓万的包工头，作价6000元(挖土方750立方米、每立方米8元人民币)。村务公开监督小组发现后，立即建议王英公开招标。王英不服，双方发生争执，闹到村“两委”

会议。村“两委”建议召开村民代表会议讨论。于是，村委会主任刘和平召开了村民代表会议。在会上，村民代表李树林说：“姓万的是王英内弟的哥哥。”一石激起千层浪，代表们你一言我一语争先发言。有的说：“我们村这么多闲劳动力没活儿干，为什么要承包给外村人。”有的说：“公开招标，我组织人投标。”结果，召开投标会，本村的一位村民中标，作价3000元，节约3000元。尔后，砖场购置设备时，村民民主理财小组成员与砖场工作人员一起跑采购，进行质量对比、价格分析、成本核算，仅此就节约20多万元。村民说：“有了民主监督，我们放心了。”

想一想： 这是一个既真实又普通的故事。故事虽小，但涉及的是村集体建砖场，如何建，怎么建的问题。按过去传统的做法，既然村“两委”将工作交给了王英，那一切就由王英说了算，他让谁干谁就干，买什么材料、什么设备由他做主，村民很少有发言权。现在，村民自治了。仁和村建立健全了村民会议或村民代表会议制度，建立健全了村务公开和民主理财制度，实行了民主选举、民主决策、民主管理和民主监督。村里的监督组织发挥了监督作用，村民做了主，村民说了算，村民委员会的工作受到了村民的监督。王英建砖厂的事，理所当然地也要受到村民的监督。从这个小故事中，充分说明建立健全村级监督组织的重要以及监督组织的作用。那么，村级应该建立健全哪些监督组织呢？这些组织又如何发挥监督作用呢？这正是本单元要说明和回答的问题。

一、村民会议是村级民主监督的组织吗？怎样发挥村民会议的监督作用？

答：村民会议是村级民主监督的组织，而且是村庄内最具有权威的监督组织。原因有三：

1.从性质上讲，村民会议是本村的最高监督机构。《村委会组织法》第二条规定："村民委员会是村民自我管理、自我教育、自我服务的基层群众性自治组织，实行民主选举、民主决策、民主管理、民主监督。"第十九条进一步规定："涉及村民利益的下列事项，村民委员会必须提请村民会议讨论决定，方可办理：

(一)乡统筹的收缴方法，村提留的收缴及使用；

(二)本村享受误工补贴的人数及补贴标准；

(三)从村集体经济所得收益的使用；

(四)村办学校、村建道路等村公益事业的经费筹集方案；

(五)村集体经济项目的立项、承包方案及村公益事业的建设承包方案；

(六)村民的承包经营方案；

(七)宅基地的使用方案；

(八)村民会议认为应当由村民会议讨论决定的涉及村民利益的其他事项。"

法律规定的村民委员会的这一基层性、群众性、自治性的特征，加之上述八条事项村民委员会都要提请村民会议讨论决定的规定，决定了村民在进行自我管理、自我教育、自我服务的同时要实行自我监督，而且，更重要的是涉及村民利益的事项，村民委员会在进行民主决策和民主管理时，村民要实施全过程的民主监督。村民的这个监督权，既是村民委员会性质决定的，也是法律赋予的，因此是最有权威的。

2.从人数上讲，村民会议是本村人数最多的监督机构。《村委会组织法》第十七条和中办发[2004]17号文件规定："召开村民会议，应当有本村十八周岁以上村民的过半数参加，或者有本村三分之二以上的户的代表参加，所作决定应当经到会人员的过半数通过。"根据法律的这一规定，不论是召开村民会议还是召开户代表会议，参加会议的人数都比其他会议，如村民代表会议、村民小组会议的人数要多。由于村民会议是本村人数最多的监督机构，所以它最有权威性。

3.从形式上讲，村民会议是本村最直接的监督机构。《村委会组织法》第十八条规定："村民委员会向村民会议负责并报告工作。村民会议每年审议村民委员会的工作报告，并评议村民委员会成员的工作。"村民会议由十八周岁以上的村民或三分之二以上的户代表组成，村民委员会是向这些村民或户代表报告工作，接受这些村民或户代表的审查和评议。不管是村民委员会报告工作，还是评议村民委员会成员，对村民来说都是面对面地、直接地提意见，有一说一、有二说二，毫不隐瞒。从村民来说，相对他们通过村民代表会议、村务公开监督小组和村民民主理财小组实施的监督，村民会议是最直接的，也是最有权威的。

村民会议既然是村级民主监督的最高、最权威的监督机构，那么就应该充分发挥村民会议的监督作用。怎样发挥呢？一是要建立健全村民会议制度，这是发挥作用的基础。建立健全村民会议制度，首要的是要规定村民会议召开的次数。因为村民会议开会，村民才能参加会议。村民参加会议，才能在会议上听取村民委员会的工作报告，听取财务收支报告，进而评议村民委员会的工作，监督财务收支情况。根据《村委会组织法》和中办发[2004]17号文件的精神，村民会议每年至少召开一次，给村民提供参加会议的机会，提供监督的渠道。但是，许多地方的村民委员会，一年甚至几年都不开村民会议，理由是村民会议难召开，堵塞了村民参会和监督的管道，这是当前发挥村民会议监督作用的最大问题。解决问题的办法，就是要建立健全村民会议制度，用制度保证村民会议的按时召开。二是召开村民会议时，要让村民讲话，这是发挥作用的关键。因为村民会议一年才召开一次，难得召开，召开了不给村民讨论机会、不给村民讲话机会，图形式、走过场，怎能发挥村民会议的监督作用。只有在会议上动员村民、号召村民讲话，村民会议的监督作用才能发挥。三是要探索改进村民会议的形式，例如，有的地方采用分片或分村民小组的形式召开村民会议，收集整理村民的意见，有的地方采用村务大事村民公决的方式，即用票决的方式讨论决定村中的大事，效果都很好，可以学习借鉴。

村民代表正在研究村务事宜

二、村民代表会议是民主监督的组织吗？怎样发挥村民代表的监督作用？

答：村民代表会议是实施村级民主监督的组织。

要说明村民代表会议是监督组织，首先要说明村民代表会议的性质和组成。《村委会组织法》第二十一条规定："人数较多或者居住分散的村，可以推选产生村民代表，由村民委员会召集村民代表开会，讨论决定村民会议授权的事项。村民代表由村民按每五户至十五户推选一人，或者由各村民小组推选若干人。"依据法律的界定，村民代表会议的性质是由村民委员会召集，村民代表讨论决定村民会议的授权事项，是村民会议的一种补充形式。村民代表会议由村民推选的代表组成，从全国来说一般由30～50人组成。由于村民代表会议具有村民会议闭会期间代行村民会议行使职权的性质，所以村民代表会议也具有监督职能，而且是具有经常召开会议职能的监督组织。因为村民会议难召开，即使召开，一年也才一两次，而村民代表会议可以定期或者不定期召开(有问题可以随时召开)，这样，村民代表会议就成为监督村民委员会工作及其成员的主要监督机构。

从监督的属性来说，村民代表会议的监督较之村民会议的监督有以下特点：第一，及时性。是指村民委员会可以根据需要随时召集村民代表开会，由于随时开会就可以随时监督、及时监督。第二，人数少。是指村民代表会议参加的人数比村民会议参加的人数少，这样就更易于解决问题，及时决策。村民会议是全村18周岁以上或三分之二以上的户的代表参加，而村民代表会议只是村民选出的代表参加，村民代表会议的人数要比村民会议的人数要少几倍或十几倍。第三,效果佳。是指村民代表的综合素质一般要比普通村民高,加之村民代表经常参加村中各种会议,比较了解村中的情况,提的问题切中要害,效果较佳。

既然村民代表会议监督村民委员会工作及其成员具有上述特点,那么,发挥村民代表会议的监督作用就至关重要。关键是要建立健全村民代表会议的监督机制,包括村民代表会议的人员组成及条件,每年召开会议的次数、职责、权利、议事内容及议事规则,确定活动方式、活动程序、活动时间、表决办法,如何质询、如何监督,等等。监督机制健全了,就能为村民代表的监督提供坚强有力的条件和保障,否则,村民代表会议的监督作用就很难发挥。

在建立健全村民代表会议的同时,更要注意发挥村民代表个体的监督作用,它关系到村级民主监督到位不到位的问题,监督能否发挥作用问题。要发挥村民代表的监督作用,首先,要求村民代表要密切联系村民群众。尤其要联系推选自己为代表的户或村民,了解他们对村民委员会的工作以及村委会成员的反映,对村民委员会的要求、建议等。村民代表了解了村民的心声,一方面可以向村民委员会反映,一方面监督村民委员会的工作,做到心中有数、有的放矢,提高监督质量。其次,要求村民代表要主动参政。作为村民代表要有参政的观念和意识,要发挥自己的主观能动性,了解村民委员会的任期目标和工作计划以及近期村民委员会办理村务的情况。知情是监督的基础,知情才能监督,知情参政就有了主动权,监督就能到位。再次,要求村民代表要出以公心。“大家选我当代表,我当代表为村民。”村民代表应该有这样的理念。有了这样的理念,监督就能出以公心,做到公开、公平和公正。最后，要求村民代表要敢于讲话。要监督总得有人讲话，特别是在村民代表会议上，作为代表更要敢于发言、敢于监督，这样村民代表的监督作用才能充分发挥。

三、怎样发挥村务公开监督小组的监督作用?

答：要解答村务公开监督小组的监督作用，首先要了解村务公开监督小组的产生、成员、性质和职责。

村务公开监督小组的产生。1998年，为了认真贯彻党的十五大和党的十五届三中全会关于扩大农村基层民主，保证村民群众直接行使民主权利的精神，中共中央办公厅、国务院办公厅发出了《关于在农村普遍实行村务公开和民主管理制度的通知》，要求全国各地普遍建立村务公开民主管理制度。不久，第九届全国人民代表大会常务委员会第五次会议通过了修订的《村委会组织法》。该法第二十二条规定“村民委员会实行村务公开制度”，并对村务公开的时间、内容、查询、举报、调查等作出原则规定。由此，全国各地掀起了村务公开民主管理的热潮，纷纷建立和完善村务公开民主管理的规章制度。在这个热潮中，为了使村务公开工作做得扎实、真实、及时、村民满意，使村务公开工作法制化、制度化、程序化，有些村成立了专门监督村民委员会工作的村务公开监督小组。在这种背景下，村务公开监督小组诞生了。这个组织建立后，发挥了作用，起到了对村务公开工作的监督效果。为此，中办发[2004]17号文件肯定了这一做法，要求全国各地的村民委员会都要设立村务公开监督小组。

村务公开监督小组的成员。中办发[2004]17号文件规定："村务公开监督小组成员经村民会议或村民代表会议在村民代表中推选产生，村干部及其配偶、直系亲属不得担任村务公开监督小组成员。村务公开监督小组及其成员应当热爱集体，公道正派，有一定的议事能力，其中应有具备财会知识的成员。"根据中央的这一精神，各地的村务公开监督小组成员，基本是在村民代表会议上，由村民代表推选产生。推选的方法，有的地方采用无记名投票，有的地方采用举手表决，一般推选3人，1人为组长、2人为委员。任期为3年，与村民委员会同届，可以连选连任。

村务公开监督小组的性质。中办发[2004]17号文件未有明确的规定和表述，但依据文件精神，村务公开监督小组的性质，应是在村党组织领导下，专门监督本村村务公开工作的工作机构。它对村民会议或村民代表会议负责并报告工作，受村民会议或村民代表会议的监督，村民会议或村民代表会议有权撤销村务

村务公开监督小组成员应村民要求查找档案资料

公开监督小组成员的资格。

村务公开监督小组的职责。中办发[2004]17号文件有原则规定：村务公开监督小组要依法履行职责，认真审查村务公开各项内容是否全面、真实，公开时间是否及时，公开形式是否科学，公开程序是否规范，并及时向村民会议或村民代表会议报告监督情况。对不履行职责的成员，村民会议或村民代表会议有权罢免其资格。除此之外，有的村还具体规定了村务公开监督小组的职责，归纳起来大体有如下内容：

一是根据有关政策法规，对村党组织和村民委员会进行的村务公开情况以及村务办理情况实施监督，审查村务公开的内容。

二是根据情况，可以列席村"两委"联席会议或村民委员会会议，以便了解村务民主决策情况。

三是有权对村务公开的清单进行审核和查询，"两委"不得以任何借口阻拦。

四是征求和反映村民对村务公开的意见、建议，对村务公开存在的问题，有权建议村"两委"作出答复或进行整改。

五是对村务公开工作中出现的特殊情况，有权建议村"两委"召开联席会议，建议村民委员会召开村民代表会议及时解决。

六是对多数村民不满意的村务公开，不及时、不真实的村务公开，有权向上级反映和举报。

上面讲了村务公开监督小组的产生、成员、性质和职责。全国各地农村虽然基本建立了村务公开监督小组等组织，村务公开工作也取得了一定成绩，但是，也必须看到村务公开工作还存在许多问题。造成问题的原因之一，是村务公开监督小组的作用没有充分发挥。怎样发挥村务公开监督小组的作用呢？一是村“两委”成员要高度认识村务公开的重要性。因为村“两委”的认识提高了，认识到村务公开的重要性，就会自觉地把村务公开工作摆上议事日程，为村务公开监督小组开展工作，提供便利条件，小组成员的工作积极性就会高涨，村务公开工作就会搞出成效。二是要注意选人。因为任何工作都需要人做，村务公开工作更需要那种“热爱集体、有事业心、有议政能力、公道正派、刚直不阿、敢于坚持真理”的村民担任。村民代表会议在推选村务公开监督小组成员时，一定要注意到这个问题。人选对了、选准了，村务公开监督工作就有了坚实的基础；否则，监督工作是不好做的。三是要让村务公开监督小组有职有权。村务公开监督工作不同于一般的普通工作，有其特殊性、艰巨性，所以要让这个组织和组织的成员有职有权，说话做事在村委会干部和村民群众中有威信，监督工作才能好做，这是前提条件。四是成员自己要起模范带头作用。村务公开监督小组成员是监督别人工作和行为的，是监督村“两委”工作或办理村务情况的，是说别人的。只有自己本身正，说别人、说事情才能腰杆硬；只有自己起模范带头作用，做出样子，才能不断推进村务公开工作向前发展。

四、怎样发挥村民民主理财小组的作用？

答：要回答这个问题，首先介绍一下什么是村民民主理财小组以及这个组织的成员、职责等，然后再探讨怎样发挥村民民主理财小组的作用。

什么是村民民主理财小组呢？村民民主理财小组与村务公开监督小组一样，也是1998年后，根据国家法律和中央政策的精神，各地在开展村务公开和民主管理活动的实践中，农民群众创造出来的，专门代表村民群众监督村庄财务管理、财务收支方面的群众性的监督组织。它的性质与村务公开监督小组相同，也是在村党组织的领导下，监督村集体财务活动的工作机构，对村民会议或村民代表会议负责并报告工作，接受村民会议或村民代表会议监督，村民会议或村民代表会议有权撤换不作为或严重违纪的理财小组成员。

村民民主理财小组成员。在2004年前，有的村是由村民群众从选民中直接选举产生，有的村则由村民代表会议从村民代表中选举产生。有的村村务公开监督小组与民主理财小组两个机构一套人马，有的村则设两套机构、两套人马。但中办发[2004]17号文件明确规定："民主理财小组成员由村民会议或村民代表会议从村务公开监督小组成员中推选产生。"由于村务公开监督小组成员要从村民代表中推选产生，而民主理财小组成员又要从村务公开监督小组成员中产生，这样，村民民主理财小组与村务公开监督小组就会交叉、重合，这是符合农村实际的，也有利于工作开展。

村民民主理财小组的职责。中办发[2004]17号文件明确规定："负责对本村集体财务活动进行民主监督，参与制定本村集体的财务计划和各项财务管理制度，有权检查、审核财务账目及相关的经济活动事项，有权否决不合理开支。当事人对否决有疑义的，可提交村民会议或村民代表会议讨论决定。村民有权对本村集体的财务账目提出质疑，有权委托民主理财小组查阅、审核财务账目，有权要求有关当事人对财务问题作出解释。"

除此之外，有些省的地方法规规定民主理财小组的职责有以下几方面：

一是参与制定和审议本村的财务计划和制定各项

财务管理制度；

二是监督财务计划和各项财务制度的执行情况；

三是参与检查、审核有关财务收支账目；

四是否决不合理的财务开支；

五是检查、监督财务公开情况；

六是听取和反映村民对村财务工作的意见和建议。

至于一个村的民主理财小组的职责，可根据本村的实际情况，结合中办发[2004]17号文件精神，作出具体规定。

村民民主理财小组怎样发挥理财作用呢？根据各地的经验，民主理财小组成员要做到：

1.精通业务、掌握政策。财务监督是一项专业性、业务性很强的工作，理财小组成员要虚心学习财会业务，学习现代财务知识，同时还要努力学习党的农村财务政策，掌握财务政策。只有精通业务、掌握政策，才能做好民主理财工作。

2.严格审查、一丝不苟。民主理财小组成员，在审查账目和财务收支时，要严肃认真、一笔一笔审查，不马虎从事、不敷衍塞责，站好岗、把好关，让村民满意，让干部放心。

3.对民负责、防止徇情。村庄的财务问题，涉及每一位村民的切身利益，一直是村民最关心的热点问题，也是村里最容易出事的难点问题，因此村民最关心。作为民主理财小组成员，应理解村民的心情。村民既然选了你，你就应该为民负责。对不合理的财务开支，请客送礼、胡支乱花、贪污挪用的财务行为都应严肃指出，不徇私情，不签字、不报销。

4.努力争取村“两委”成员和乡镇党委、政府对民主理财小组工作的支持，请他们为民主理财小组创造宽松的工作环境，解决工作中遇到的困难。

第四单元

村务公开

法律和中央政策

村委会组织法

第二十二条　村民委员会实行村务公开制度。

村民委员会应当及时公布下列事项，其中涉及财务的事项至少每六个月公布一次，接受村民的监督：

（一）本法第十九条规定的由村民会议讨论决定的事项及其实施情况；

（二）国家计划生育政策的落实方案；

（三）救灾救济款物的发放情况；

（四）水电费的收缴以及涉及本村村民利益、村民普遍关心的其他事项。

村民委员会应当保证公布内容的真实性，并接受村民的查询。

村民委员会不及时公布应当公布的事项或者公布的事项不真实的，村民有权向乡、民族乡、镇人民政府或者县级人民政府及其有关主管部门反映，有关政府机关应当负责调查核实，责令公布；经查证确有违法行为的，有关人员应当依法承担责任。

中共中央办公厅、国务院办公厅关于健全和完善村务公开和民主管理制度的意见(中办发[2004]17号)

进一步健全村务公开制度，保障农民群众的知情权：

(一)完善村务公开的内容。国家有关法律法规和政策明确要求公开的事项，如计划生育政策落实、救灾救济款物发放、宅基地使用、村集体经济所得收益使用、村干部报酬等，应继续坚持公开。要继续把财务公开作为村务公开的重点，所有收支必须逐项逐笔公布明细账目，让群众了解、监督村集体资产和财务收支情况。同时，要根据农村改革发展的新形势、新情况，及时丰富和拓展村务公开内容。当前，要将土地征用补偿及分配、农村机动地和“四荒地”发包、村集体债权债务、税费改革和农业税减免政策、村内“一事一议”筹资筹劳、新型农村合作医疗、种粮直接补贴、退耕还林还草款物兑现以及国家其他补贴农民、资助村集体的政策落实情况，及时纳入村务公开的内容。农民群众要求公开的其他事项，也应公开。

(二)规范村务公开的形式、时间和基本程序。各地农村应坚持实际、实用、实效的原则，在便于群众观看的地方设立固定的村务公开栏，同时还可以通过广播、电视、网络、“明白纸”、民主听证会等其他有效形式公开。一般的村务事项至少每季度公开一次，涉及农民利益的重大问题以及群众关心的事项要及时公开。集体财务往来较多的村，财务收支情况应每月公布一次。要推进村务事项从办理结果的公开，向事前、事中、事后全过程公开延伸。要充分利用现代科学技术，不断创新村务公开的有效形式和手段。村务公开的基本程序是：村民委员会根据本村的实际情况，依照法规和政策的有关要求提出公开的具体方案；村务公开监督小组对方案进行审查、补充、完善后，提交村党组织和村民委员会联席会议讨论确定；村民委员会通过村务公开栏等形式及时公布。

(三)设立村务公开监督小组。村务公开监督小组成员经村民会议或村民代表会议在村民代表中推选产生，负责监督村务公开制度的落实。村干部及其配偶、直系亲属不得担任村务公开监督小组成员。村务公开监督小组及其成员应当热爱集体，公道正派，有一定的议事能力，其中应有具备财会知识的成员。村务公开监督小组要依法履行职责，认真审查村务公开各项内容是否全面、真实，公开时间是否及时，公开形式是否科学，公开程序是否规范，并及时向村民会议或村民代表会议报告监督情况。对不履行职责的成员，村民会议或村民代表会议有权罢免其资格。

(四)听取和处理群众意见。群众对公布的内容有疑问的，可以口头或书面形式向村务公开监督小组投诉，村务公开监督小组对群众反映的问题应当及时进行调查，确有内容遗漏或者不真实的，应督促村民委员会重新公布；也可以直接向村党组织、村民委员会询问，村民委员会应在10日内予以解释和答复。村民委员会要对村务公开资料进行整理归档并妥善保管。

小故事： 莲溪新村是我国东南部大山脚下的一个秀美山村，这里山环水绕，村民的土地不多，但大山却对他们很慷慨。村民在农闲季节到山上采集山货总有收获，虽然换不到很多钱，也足够日常之需。村里也没有什么集体财产，村民委员会选举也不是难事，每次很平静就过去了。

热闹的新年过完，转眼就到了4月份，也就是村里公开村务财务的时候。村务公开栏在小村中心，这里有一条小溪流过，溪上的石桥是村里车辆出入的必经之路。桥头还有一座小亭子，旁边有几个小店铺和一个小诊所。这里是山村的娱乐中心，人们有事无事总愿到这儿来逛一圈。

尽管每次公开栏上的数字加起来不会超过2000元，但村民还是会关心它。但这次很多村民发现村民委员会贴出来的公开内容大家看不懂了。因为村里集体收支不多，原来村里的村务公开都是公开流水账，村民很清楚村民委员会这几个人哪一天做什么花了多少钱或者进了多少钱。问到村民委员会干部，解释说现在村里的账由乡里给管去了，是全省统一要求这样做的，村里不再有会计，只管报账，由乡里统一记账。目前的公开账目也是从乡里按照统一的格式拿来公开的，至于收支账目，以及其他项目之间的划分，村干部也说不明白，村里原来会计说这样管理科学，采取的是分类记账的方法，分收入和支出两大项，收支再分小项，但是更多的他也说不明白。

想一想： 莲溪新村发生的事情在当前并不少见，尤其是在我国中西部经济欠发达的地方。村务公开在我国农村已经推行了一段时间，但是在实际操作中还存在很多不尽如人意的地方，尤其是村民反映村务公开账目看不明白的地方很多。在富裕的地方，账目管理比较规范，但是普通村民并不明白各类账目的含义。而在一些贫困地方，村民委员会使用流水账的方式公开，村民很容易看清楚。这使得我们不得不反思，村务公开的含义是什么，目的是什么，应该公开什么，怎么公开等一系列问题。

一、什么是村务公开？

答：村务公开是指在一个村民委员会的辖区内，村民委员会把涉及国家、集体和村民利益的各类事务的处理过程和结果等情况，通过一定的形式和程序告知全体村民，并由村民参与管理决策、实施监督的一种民主行为。

中国农村的村务公开制度是农民群众在村民自治的实践中创造的。它适应了我国农村家庭承包、统分结合的双层经营体制，适应了我国农村村民自治体制下村民自我管理、自我教育和自我服务的基本要求，符合我国社会主义市场经济体制下基层自治管理的发展趋势，因此它一诞生便显示出巨大的生机和活力，得到了村民群众的拥护和欢迎。

二、村务公开具有哪些显著特征？

答：村务公开具有以下显著特征：

1.参与性。这是村务公开的本质要求。我国社会主义国家的本质是人民群众当家作主。为了体现这一精神，《宪法》和《村委会组织法》规定，在农村实行村民自治，自治的主体是全体村民，村民是自治的主人。他们有权而且应该参与村庄事务管理，这就需要村庄事务管理的透明与公开。而实行村务公开的过程，既是农村治理结构变革的过程，也是村庄事务管理透明化、公开化的过程，更是村民群众共同行使村务管理权，参与村务管理的过程。村务公开要求村民群众参与到村务管理的整个过程中去，在参与中提高其参与公共事务管理的能力和水平。没有村民群众的参与，村务公开就失去了其本来意义。

2.公开性。这是村务公开的表现形式。村民是村庄的主人，村民当家作主行使其村务管理的民主权利，通过什么形式体现出来呢？村务公开是最佳的表现形式。在公社体制下，村务管理活动是少数村干部的事情，村民根本不知情，不参与。在村民自治体制下，村民群众对本村的村务活动要知情，要参与管理决策，要对村委会干部进行监督。而村民怎样才能知情，并参与其中呢，通过什么方式表现出来呢？这一答案是群众自己给出的，也就是村民群众在村民自治活动中，创造出的以村务公开为主要表现形式的村务公开制度。通过村务公开栏、明白卡等形式将村务管理过程和结果透明化，让村民群众知情，并参与其中，行使其民主权利。可见，公开是“阳光工程”，是村务公开的表现形式。

3.监督性。这是村务公开的重要目的。将村务管理活动的过程和结果公开，使得村务管理活动的暗箱操作变得不可能。村务管理活动公开，广大村民群众知情，并参与到其中来，其目的之一就是将村委会干部的村务管理置于村民群众的监督之下。通过实行村务公开，公开村务管理过程和结果，使得村民委员会村务管理的过程和村委会干部的行为公布于众，使得村委会干部得到监督，寻租行为得到遏制。村务公开是民主监督的一项重要内容，监督性是村务公开的重要目的。

4.真实性。这是村务公开的基本要求。村务公开内容真实是《村委会组织法》和所有省级地方法规都明确规定的。内容真实是法律、法规对村务公开的最基本要求。因为村民是自治的主人，村民委员会管理的一切村务都涉及村民的切身利益，村民委员会办理村务的一切经费要从村民那里筹集，村务要由村民去办理和参与。经费筹集和支出情况、村务管理的过程和结果都应该如实地、详尽地向村民公开，让村民了解实情和真情。法律、法规还进一步规定公布事项不真实的，村民有权举报，如经查证属实，有关人员应承担责任。

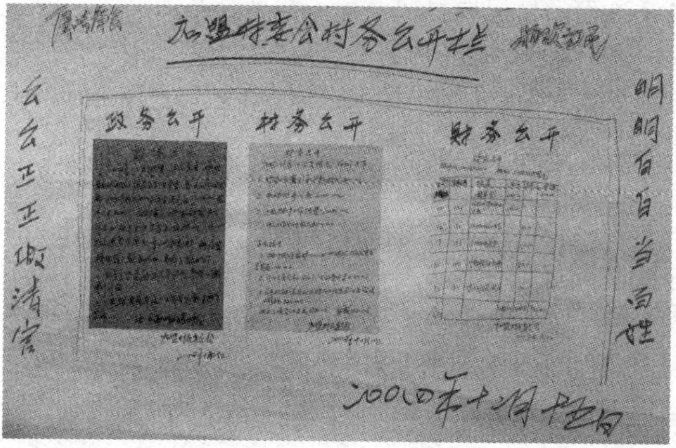

云南省村委会主任培训时制作的村务公开栏

5.时效性。这是村务公开的内在要求。村务公开的时间是根据村务公开的内容而定的，由于公开的内容不同导致公开的时间也有所不同，又由于内容发生的周期不同，更使公开的具体时间不一样。有的可年度公开，有的半年公开、季度公开，甚至月度公开。但是无论公开的时间期限如何，一定要做到及时公开，对一些临时发生的村务尤其如此，即时发生即时公开，如国家建设征用土地、村民质询的答复、特殊情况的处理等。

三、村务公开有哪些基本要求？

答：《村委会组织法》、省级地方法规和中办发[2004]17号文件，以及全国村务公开协调小组都对村务公开提出了基本要求。这些要求主要包括：

1.建立健全村务公开监督小组。监督小组成员应由村民代表会议或村民会议从村民代表中推选产生，任期与村民委员会相同。村务公开监督小组要对村务公开实行全程监督，督促村民委员会及时真实地公开村务，并征求村民对公开的意见和建议，及时进行反馈。

2.公布的内容要全面、真实。全面，即齐全、完备，是指村民委员会在村务公开时，要把所管理村务的各个方面的情况向村民一项不漏地公布。真实，即如实、毫不隐瞒，是指村民委员会在村务公开时，要把所管理村务的各个方面的情况原原本本地向村民公开，让村民了解实情和真情。

3.村务公开的操作要做到“五规范”。即公开的时间、程序、形式、阵地、管理5个方面都要做到规范有序。时间规范，村务公开内容不同，公开具体时间不同，但一定要做到及时公开；程序规范，村务公开要按照一定程序公开，通过程序规范内容；形式规范，可以采取多种形式结合起来进行公开，以方便群众听看为原则；阵地规范，对公开阵地要管理并保持相对固定、稳定；管理规范，应有专人管理村务公开工作，负责村务公开的相关工作。

4.村务公开最终要让村民满意。村民满意是村务公开工作唯一、最终的标准。村务公开是向村民群众公开，村务公开的内容是否全面、真实，村务公开的时间是否及时，村民群众最有发言权，村民是村务公开的裁判员。而村务公开工作的实质也是为了满足村民群众的要求，调动村民群众的积极性，使得村民群众满意。

四、村务公开的内容是什么？

答：村务公开的内容按其性质划分，归纳起来可分为3大类：财务公开、村民自治事务公开和协助乡镇及上级人民政府办理政务的公开。

1.财务公开。财务公开是村民最为关心的内容，由此也成为村务公开的重中之重。所有财务收支必须逐项逐笔公布明细账目，让群众了解、监督村集体资产增减和财务收支情况。财务公开的内容主要包括村民委员会的年度财务计划、各项收入、各项支出、各项财产、债权债务、收益分配等所有涉及钱财的内容。此外，政务公开中有关钱物的收支内容也应一并专项列入财务公开之中。

2.村民自治事务公开。村民自治事务专指涉及全体村民利益，要由村民讨论决定，属于村民自治范围之内的事务，它也是村务公开的重要内容。公开的重点是村民自治事务办理过程和办理结果的公开。村民自治事务公开主要包括以下内容：村享受误工补贴的人数及补贴标准、村集体经济项目的立项承包方案、村公益福利事业建设、村委会干部年度工作目标工作安排及民主评议方案、村土地承包经营方案及土地流转情况、村内“一事一议”筹资酬劳及其使用情况、村委会干部及村民的社会保险等。

3.政务公开。政务，即由乡镇等上级政府及其职能部门下达而由村民委员会协助办理管理的涉及村民利益的各项事务。一般包括计划生育、宅基地审批、土地征用补偿、救济救灾款物发放、招工征兵、优抚五保、水电费代收代缴、粮食补贴、农村新型合作医疗、教育补助、兴修水利人畜饮水补助、农村税免除、退耕还林(草)、国家扶贫开发项目等。这些内容既涉及党和国家的方针、政策、法律法规，又涉及村民自身利益，尤其是近年来国家实行一些新政策，增加农业投入和加大对农村转移支付的力度，更应该对村民群众进行公开。

另外，很多地方的村民委员会对精神文明建设情况、村民意见征询与反馈情况也进行了专项公开。

五、村务公开的一般程序有哪些？

答：村务公开的一般操作程序是指村务管理内容公开时，需要经过的基本步骤和做法。它包括公开的方案提出、方案审核、公开公布、听取意见、答疑解释、存档七个环节。

1.村民委员会提出公开的具体方案。

2.村务公开监督小组审查确定。对公开的内容补充、完善。

3.村“两委”联席会议讨论审查。

4.村民委员会公布。具体采取什么形式公布，可因村而异，但是村民都能够看得见，村民都能够明白。

5.听取意见。即广泛征求和听取村民的意见和建议。

6.答疑解释。即回答村民的质询、查询，让每一位村民都满意。

7.存档保管。对村务公开的资料以及村民提出的意见、建议，以及村民委员会的答复都要妥善保存，存入村务管理档案。

六、财务公开的程序有哪些？

答：财务公开是村务公开的重点。鉴于财务管理的特殊性，财务公开有其特定的操作程序，主要包括：

1.财会人员交清明细账目。作为农村基层群众性自治组织，村民委员会的财务往来繁多，财务项目俱全。在财务公开前，村民委员会首先要摸清各项财务往来的底数，做到心中有数，这样才能够对村民进行公开。摸清底数在客观上要求会计交清财务往来的总分类账、明细分类账、日记账和备查账等账目。村民委员会对各类财务项目进行审读查阅后，就可以做到心中有数了。

2.村民委员会核对收支账目。由于各地农村财务收支的审批存在较大差异，有的地方由村党组织书记审批，有的由村民委员会主任审批，有的由村党组织书记和村民委员会主任共同审批，还有的由村党组织书记、村民委员会主任和会计3人联合审批。因此，在村会计拿出财务收支账目后，就需要及时召开村组织委员会、村民委员会成员共同参加的“两委”联席会议。在研究讨论财务公开问题的同时，对财务账目的收支审批情况进行核对，尤其是财务审批负责人更应该认真细致地逐笔核对，查看是否是自己的亲笔签名，是否是经自己或者集体研究同意的收支。如果在核对中发现问题和疑点，应及时进行查对和处理。

3.理财小组逐项逐笔审查。在村民自治发展过程中，一般村庄都设有村务监督小组或者民主理财小组，由村民推选懂经营善理财的村民或者村民代表组成，专门负责村中的财务审计和监督。在“两委”会对财务收支账目进行核对后，村民委员会以及会计应立即将财务收支账目、财务收支票据等交给村民主理财小组。由村民主理财小组对村民委员会财务收支账目中的每笔财务收支、每张原始票据进行逐笔逐张审查，对财务账目、凭证和实物、存款进行全面核实。审查后加盖民主理财小组专用章，再由审核人签字，以便责任到人，各负各责。如果发现问题，民主理财小组上报村民委员会，由村民委员会进行核查。

4.村民代表会议讨论通过。民主理财小组审核完成后，经村党委会负责人、主管会计和民主理财监督小组共同签字形成村财务收支情况的审核报告。对大额开支项目以及一些村民群众要求公开的热点难点问题应该整理出有关资料形成专项审核报告。村民委员会应该及时召开村民代表会议，将村财务收支情况和审核报告提交给村民代表进行审议。村民代表应认真审核村财务收支情况及其审核报告，在审议通过后，村民委员会才能向村民公布。

5.利用各种形式公布公开。村民代表会议讨论通过后，村民委员会就要采取各种形式及时公布村财务收支情况以及收支审核报告，让每位村民都能确切地了解村财务收支情况。

6.听取意见、解答质询并存档。在财务公开公布后，村民委员会应该指定专人认真听取村民意见，并解答村民质询，最后将有关材料存档保存。

七、如何规范村务公开的形式？

答：公开的形式，即用什么方法将内容公之于众。

设定固定公开栏公开是最基本形式，也是最基本要求。即在村中村民经常聚集的公共场所设置固定的阵地长年进行公开。公开栏要设置在村中交通便利、村民经常聚集的地方，在村中也可设置多处公开栏，便于村民观看。公开栏公开比较经济实用，可以多次擦写或者粘贴，但要注意维护，防止自然或人为损坏。

另外，还可以辅之以其他形式。比如，召开会议公开。一般通过召开村民代表会议公开。采取代表会议公开的面有限，因此这种方法要求村民代表要负责，要到自己所代表的村民小组或者村民户去传达公开情况。会议公开还需要将口头公开和书面公开结合起来，不能仅有口头公开而没有文字性东西。

有条件的农村也可以辅之以通过有线广播的形式公开。这种方法既便于全体村民收听，又不耽误村民劳作。但是和会议公开相仿，也需要和文字的书面公开材料配合使用。

在经济发达、比较富裕的村还可以通过有线电视、网络、电子触摸屏等现代媒介公开。这种方法便于村民查看，可以提供系统的村务公开情况，也可以查看过去公开的资料。但是，这种方法需要一定的基础设施作支撑，要有专门的设备，公开成本较高。

还有一些地方通过发放明细卡、入户卡、小册子等公开。

这里必须强调的是，在上述形式中，村务公开栏是必设的形式，是其他形式不能取代或替代的。

上海市松江区丰墩镇长溇村的村务公开栏（局部）

第五单元

村民委员会报告工作

法律和中央政策

村委会组织法

第十八条　村民委员会向村民会议负责并报告工作。村民会议每年审议村民委员会的工作报告，并评议村民委员会成员的工作。

村民会议由村民委员会召集。有十分之一以上的村民提议，应当召集村民会议。

中共中央关于农业和农村工作若干重大问题的决定

全面推进村级民主监督。凡是村里的重大事项和群众普遍关心的问题,都应向村民公开。村务公开的重点是财务公开。村民委员会要广泛听取群众意见，大多数群众不赞成的事情，应予纠正。经村民民主评议不称职的村干部，应按照规定程序进行调整。

小故事：莲家庄是地处华北平原东部一个普通的村庄。村里有2000多人，不到3500亩土地，村民以农业生产为主，种植小麦、玉米、大豆、棉花、花生等，尽管收入较低，但生活还算富足，在风调雨顺的年景更是如此。1978年，村里开始办粮油加工厂，1980年后又先后办起了服装厂、铜制品加工厂、饲料厂等。到1982年，村办工业总产值已经超过150万元。1985年，投资50万元创办包装纸箱厂， 年底全村工业总产值超过300万元。1990年后，村办企业开始发展横向经济，与济南、郑州、天津、北京等地的企业联营，1992年年底，全村共有村办工业7家，职工1000多人，拥有固定资产1500多万元，工业产值近2000万元。莲家庄成为当地有名的富裕村。1993年，村办企业开始改制，根据村民人口以及个人对集体贡献等因素进行股份制改革。改革后，每个村民都拥有了企业的股权。同年，莲家庄开始进行村民委员会换届选举，通过选举产生新一届村民委员会。

企业改制后，每年村民都能拿到几千元近万元的分红。然而，1998年后，村民的分红开始出现大幅度下降。到2002年，村民每年仅有不到500元的分红，而小道消息说村企的总资产剩下不到100万元了。这时，村民猛然发现其他村子常见的村务公开栏自己村找不到，前几年，村集体企业每年的收支是公布的，而村民委员会每半年也会告诉村民他们这半年都干了什么，下半年怎么办。这些不知从何时起不知不觉间都消失了。村民迫切想知道这到底是怎么回事。他们开始向县、镇人民政府等有关部门上访，要求村民委员会公开几年来的集体财务，要求村民委员会向他们报告几年来的工作情况。

想一想： 村民委员会由村民选举产生，理应对村民负责。对村民负责主要表现之一就是村民委员会要定期向村民会议报告工作，让村民了解村民委员会前一时期的工作情况和后一时期的工作打算。《村委会组织法》以及省级法规也都对此作了明确规定。

但是，在实际工作中，鉴于各种因素的制约，村民委员会向村民会议报告工作并没有得到切实有效的实施。有的地方根据当地实际由村民代表会议听取村民委员会的工作报告，并将经常性的村务公开和村民委员会报告工作结合起来，有的则将村民委员会报告工作和对村委会干部的民主评议结合在一起，取得了一定的效果。尽管如此，如何完善村民委员会报告工作制度，仍然有很多值得探讨的地方，那么，怎样才能做好这项工作呢?

一、村民委员会报告工作的基本含义是什么?

答：村民委员会报告工作是指村民委员会每隔一定时期召开村民会议，向全体村民报告村务管理中重大村务的办理过程和结果以及下一步的工作打算，以告知村民相关信息，听取村民意见建议，并提请村民讨论和审查，接受村民的质询监督的制度和行为。

二、村民委员会为什么要向村民报告工作?

答：村民委员会由村民选举产生，其权力来源于全体村民的委托，村务管理的过程和结果必须对全体村民负责。根据有关法律规定，村民委员会除及时进行村务公开，还必须定期召开村民会议向村民报告一个时期以来的工作情况，给村民以知情权，请村民参与村务管理决策，使村民及时了解村务管理的过程和结果。

村民委员会报告工作是民主监督的重要内容形式，是村民委员会必须尽到的法律义务。村民委员会每半年、每年向村民会议报告这一时期以来的工作情况，提出下一时期的工作打算。其主要目的是认真听取村民群众的意见建议，并根据村民群众的意见改正自己工作中的失误和不足，并且完善下一时期的工作规划，从而使得报告工作成为村民监督村民委员会工作的重要途径。

村民委员会报告工作有利于真正实现“四个民主”和“三个自我”。由村民民主选举产生的村民委员会在村务管理中必须实行民主决策、民主管理和民主监督。而村民委员会报告工作一方面可以总结这一时期的工作，将村民民主决策事项以及村民委员会民主管理的过程结果告知村民，一方面通过报告工作来接受村民的质询和监督，从而实现全体村民的自我管理、自我教育和自我服务。

三、村民委员会报告工作的时间有何要求?

答：村民委员会报告工作一般每半年或者每年进行一次，在村民会议特别难以召开的地方每年至少也要进行一次。如果遇到特殊情况或者重大事务，必须要全体村民知情的，应当及时召开村民会议，向村民报告情况。

四、村民委员会应该向谁报告工作?

答：《村委会组织法》第十八条规定村民委员会向村民会议负责并报告工作。这说明村民委员会报告工作的基本方式是向村民会议报告工作。但是，鉴于村民会议难以召开的实际情况，在村民自治实践中人民群众创造出了村民代表会议这一组织形式。因此，在经过村民会议授权的情况下，村民代表会议可以代行村民会议的部分职权。也就是说村民委员会也可以向村民代表会议报告工作，由村民代表听取和审议村民委员会工作报告。

有的地方两种形式都在使用，但有所区别。一般村民委员会每年年底要向村民会议报告工作，而每季度或者每半年则要向村民代表会议报告工作。这种交叉使用的方法既照顾到了制度运行的成本，也有利于调动村民代表和全体村民参与村务管理的积极性。

五、谁应该向村民会议报告工作？

答：《村委会组织法》第十八条规定村民委员会要向村民会议报告工作。在实际操作中，村委会主任应该代表村民委员会向村民会议报告一定时期以来的工作情况，以便村民了解村民委员会组织整体的工作情况。此外，村民委员会的其他成员，诸如副主任、委员等都应该就自己负责的某一方面的工作情况向村民会议进行报告，以便村民了解村委会其他成员的工作情况，并对每个成员的工作进行监督，对其工作状况进行评价。

六、村民委员会报告工作的基本内容有哪些？

答：村民委员会报告工作的基本内容应该包括村民委员会工作涉及的所有村级事务。具体说来，包括下列事项：

1.协助上级党委、政府办理事项的落实情况；

2.村民委员会任期工作目标和年度工作计划执行情况；

3.村民会议或村民代表会议讨论决定事项的办理情况；

4.村务管理中的重大事项以及村民关注的热点、难点问题的处理方案和结果；

5.发展村级经济的规划措施，村重大投资项目和大额资金使用方案及本村公共事业和公益事业的计划落实情况；

6.村财务收入支出使用的基本情况；

7.其他需要报告的重大事项。

七、如何写好村民委员会工作报告?

答：村民委员会工作报告是村民委员会以集体或个人名义就某一时期工作情况进行全面归纳，概述工作完成情况，简要提出主要经验和存在问题，向村民会议进行汇报，含有呈请审议或者通过性质的书面汇报。从文体上说，应该包括前言、正文、结论3个部分。

前言通常明确报告的范围和对象。例如，要讲清楚工作报告的起止日期，简要交待这一时期的工作要点等。正文是报告的主要内容之所在。一般应先明确地说明原来的工作计划、工作任务和要求，随之根据工作实际分方面或分阶段说明工作进行和完成情况。对于一些重大村务办理情况则需要专门专项说明。工作报告的结论部分应对所汇报的工作作出全面、准确的评价，包括取得的成绩和存在的缺点乃至不足、错误，以及提请报告审议人予以注意的问题和今后工作的改进建议、方向等。

为使全文条理明晰，正文常需要划分为若干部分并加序列号码或者小标题。在使用标题时，小标题应同大标题在内容上有所关联，在用语上相互照应。总括或结论部分之后则应标明报告人和报告日期。

八、村民委员会报告工作的基本程序有哪些?

答：村民委员会向村民会议报告工作的会议程序一般包括：

1.宣布开会、清点人数。《村委会组织法》对村民会议有明确的到会人数要求。因此，在主持人宣布开会后应该清点参加会议的人数，清点后要向大会宣布本次会议的应到人数和实到人数，如果参会人数达到法定要求，会议才可以继续召开，进行下面的议程。

2.宣布大会注意事项。大会注意事项主要是要求村民遵守必要的纪律，保持会场秩序，防止过激事件发生，以保证会议的顺利进行。

3.宣布会议议题。主持人介绍本次会议的议题，向大会通报围绕该议题各村级组织所作的各种准备等，以便与村民了解更多相关情况。

4.向村民报告工作。也就是村委会成员分别向村民做工作报告，一般依照先集体后个人，先主任、副主任后委员的顺序进行。在报告时要向村民讲清楚这一时期的工作情况，分析工作中取得的成绩、存在的不足，并说明今后的工作重点以及自己努力的方向。

5.征求村民意见建议。村委会成员报告工作完成后，要征求村民对工作报告的意见和建议，村民应本着实事求是、与人为善的态度，将自己的意见建议、要求等坦率地说出来，以有利于村委会成员改进工作，更好地为村民服务。

6.会议总结，宣布会议结束。会议结束后，工作报告及村民意见建议应该形成书面文件，存档备查。

九、为做好工作报告村民委员会应注意哪些问题？

答：为做好工作报告，村民委员会在日常工作中要注意以下问题：

1.做好资料积累工作。在村务管理过程中，村民委员会往往积累了各种村务管理资料，这些资料是村民委员会工作的写照，应该有人进行及时地整理、归纳和归档，以便为村民委员会撰写工作报告打下良好的资料基础，为总结报告的写作做好准备。

2.村民委员会工作报告要经村委会成员会议讨论。村民委员会撰写工作报告后，应将工作报告首先提交成员会议讨论，请其他成员提出修改的意见建议。因村民委员会成员相互了解彼此工作状况，也比较熟悉村务管理的过程和结果，请其对报告提出修改意见和建议，可以更加贴近实际，也可以避免彼此报告间的矛盾冲突。

3.工作报告要瞻前顾后。村民委员会撰写的工作报告，不仅要总结以前的工作，对一定时期内发生的各种重要村务进行概括说明，及时总结前一时期工作的经验教训，更要提出今后的工作打算和工作规划，及时向村民交待今后一个时期内村民委员会的工作重点。这样，不仅使村民对村民委员会以前做了什么心中有数，也使村民对村民委员会今后做什么心中有数，以便村民配合村民委员会工作。

4.做好工作报告的存档工作。村民委员会及其成员的工作报告要形成书面材料，在报告工作结束后，及时存档，统一保管。

第六单元

民主评议村干部

法律和中央政策

村委会组织法

第十八条　村民委员会向村民会议负责并报告工作。村民会议每年审议村民委员会的工作报告，并评议村民委员会成员的工作。

村民会议由村民委员会召集。有十分之一以上的村民提议，应当召集村民会议。

中共中央关于农业和农村工作若干重大问题的决定

搞好村民自治，制度建设是根本。重点是建立健全村民委员会的民主选举制度，以村民会议或村民代表会议为主要形式的民主议事制度，以村务公开、民主评议和村民委员会定期报告工作为主要内容的民主监督制度。村务活动要照章办事，推进村民自治的制度化、规范化。

中共中央办公厅、国务院办公厅关于健全和完善村务

公开和民主管理制度的意见(中办发[2004]17号)

推行民主评议村干部工作制度。民主评议对象为村党组织班子成员、村民委员会班子成员、村集体经济组织班子成员、村民小组长以及享受由村民或集体承担误工补贴(工资)的其他村务管理人员。民主评议由乡级党委、政府具体组织，通过村民会议、村民代表会议或与村民座谈等形式进行。民主评议一般每年进行一次，要把群众满意与否作为衡量村干部是否合格的标准，评议结果要与村干部的使用和补贴(工资)标准直接挂钩。对连续两次被评为不合格的村干部，是村党组织成员的，按党内有关规定处理；是村民委员会班子成员或村集体经济组织班子成员的，应责令其辞职，不辞职的应启动罢免程序；其他村务管理人员，由村民委员会召开村民会议或村民代表会议作出处理决定。

小故事： 莲塘村是地处江汉平原的一个富裕村庄，这里地势开阔，水网密布。村民的稻田不多，但条条小河、池池湖水却是村民致富的源泉。在当年土地承包时，村里的多数池塘水面已承包给村民了，村里为了给村民出产的水产品找到一个好的出路，逐渐发展起来水产品加工业。村民起初对此并不在意，但是集体的水产加工厂总能使得村民的鱼虾卖上好价钱，也正是靠这个加工厂村民每年从村里得到的实惠越来越多。先是村民生活用电不用自己交钱了，渐渐地村民不用承担所谓的“三提五统”了，慢慢地村民每年可以从集体拿到一些分红了，从油盐米面到红包，而红包里的现金也从最初的几百元涨到了千余元、几千元。而村民对这个加工厂的关注也在增加，尤其是2001年还有几个外国人到加工厂考察，村民开玩笑说臭鱼烂虾不仅招来了苍蝇，也招来了“大鼻子”。

从对加工厂的关注，村民开始关注村民委员会选举，关注村庄管理。村民觉得如今选举出来的干部还不错，他们会公开村里财务村务，年底还会告诉大家一年的工作成绩以及来年的工作打算等。但一个变故却打破了小村的宁静。原来上个月底乡里突然召开村党员、村民小组长会议对村“两委”会班子进行考评，并在考评结果不公布的情况下宣布撤销党支部全体成员职务，村委会干部脱产培训半年。几天后，乡党委到该村召开党员、村民小组长会议，在会上宣布了新支部和代理村民委员会成员的人员名单。

想一想： 村民委员会是村民自我管理、自我教育、自我服务的基层群众性自治组织，负责办理本村的公共事务和公益事业，调解民间纠纷，协助维护社会治安，向人民政府反映村民的意见、要求和提出建议。在村民自治中，村民委员会是不可替代的组织者和执行者。那么，村民委员会工作状况如何呢，是否真正的为村民服务呢，这些都要通过村民对村委会成员的民主评议来得到说明。现在不少地方的民主评议都由乡镇来组织实施，但是乡镇组织的民主评议要从村民关心的事务出发，从村民群众对村干部的亲身感受出发，不能以个别人、少数人的片面言论来代替对村干部的评价，也不能以民主评议作为诫勉干部的借口，更不能借民主评议非法撤换村干部。否则，民主评议就失去了应有的意义和作用。那么，应该如何评议村干部呢?

一、什么是民主评议村干部?

答：民主评议村干部是村民对村级组织以及村干部实施监督的重要方式，是村民不可剥夺的民主监督权利。它是指通过召开村民会议、村民代表会议，或者与村民座谈，村干部向村民或村民代表介绍自己一段时间以来的工作状况，接受村民的质询监督，并提请村民或村民代表对自己从事村务管理的情况进行审议、测评的制度和行为。

二、为什么要民主评议村干部?

答：村民是农村村民自治的主体，由村民组成的村民会议是村级最高权力机构，村民委员会是村民会议的执行机构，具体实施执行村民会议决议。村民委员会在执行决策过程中，具体实施办理的情况如何，要由村民进行民主评议才能知晓。

村民委员会由村民选举产生，其权力来源于全体村民的委托，村务管理的过程和结果必须对全体村民负责，让村民满意。为此，根据有关法律规定，村民委员会除及时进行村务公开，向村民报告工作，还要请村民对村干部工作情况进行民主评议，看村民对村干部工作是否满意。

民主评议村干部是民主监督的重要内容形式。村民委员会每季度、每半年向村民会议介绍一段时期的工作情况，提请村民对自己工作情况进行评议，听取村民群众的意见建议，并据此改进自己的工作，从而使得民主评议成为村民监督村民委员会工作的重要途径。

其他各村级组织，诸如村党组织、村集体经济组织等因其涉及村务管理过程，其工作涉及全体村民的切身利益，因此它也要接受村民群众的监督，看村民是否满意，由村民对其进行民主评议。

三、民主评议的对象包括哪些人？

答：民主评议对象为村级组织和全体村干部。村级组织主要包括村党组织、村民委员会、村集体经济组织等，全体村干部包括村党组织班子成员、村民委员会班子成员、村集体经济组织班子成员、村民小组长以及享受由村民或集体承担误工补贴(工资)的其他村务管理人员，例如村电工、护林员、治安员等。

四、民主评议村干部的基本标准是什么？

答：评价村干部的基本标准是村民是否满意。村民是农村的真正主人，无论村党组织、村民委员会，还是村集体经济组织等都是为村民服务、担负不同职责功能的组织体系，其工作实质都是为村民谋取福利的，都是为增进全体村民的福祉服务的。这些组织及其组织成员工作情况如何，是否真正做到了为村民服务，是否真正在为村民谋取福利，村民群众最清楚，村民是否满意最能反映其工作情况。从这个意义上说，村民满意与否是评价干部的基本标准。

五、民主评议村干部有哪几种组织形式？

答：民主评议村干部主要有3种组织形式，即村民会议、村民代表会议和村民座谈会。其中村民会议是民主评议村干部的基本形式。在村民会议不便召开，或者难以召开的情况下可以采取召开村民代表会议的形式进行民主评议。村民座谈会是通过与某些村民座谈，来了解村干部工作情况的方法。在采取村民座谈会形式时，应该注意参加会议村民的代表性，否则得不到正确的信息。另外，村民座谈会还可以作为村民会议、村民代表会议评议村干部的辅助形式。

六、民主评议村干部在什么时间进行？

答：民主评议村干部一般每年进行一次，从全国实践情况来看，大多在当年年末或次年年初进行。在民主评议时，可以单独组织召开会议进行，也可以结合村干部向村民委员会报告工作进行。

七、民主评议村干部由谁来组织实施？

答：民主评议的组织工作根据不同的评议对象可分别由乡镇党委、政府或者村党组织、村民委员会负责。其中，对村党组织成员、村民委员会成员的民主评议，由乡镇党委、政府统一组织实施，通过召开村民会议、村民代表会议，或者召集村民座谈会的形式进行。对村集体经济组织管理人员以及其他享受由村民或集体承担误工补贴(工资)的村务管理人员的评议，可由村党组织、村民委员会具体组织实施，通过召开村民会议、村民代表会议，或者召集村民座谈会的形式进行。对村民小组长等其他享受误工补贴人员的民主评议一般由村民委员会组织实施，通过召开村民小组会议、村民代表大会，或者通过和村民座谈的形式进行。

八、对村党组织班子进行民主评议的主要内容是什么？

答：对村党组织班子进行民主评议的重点是村党组织在村民自治中发挥领导核心作用的情况，以及保证村民委员会、村集体经济组织发挥各自职能的情况。一般包括下列内容：

1.执行党的方针政策及上级决议情况；

2.重大决策党组织会议集体讨论和党员议事制度落实情况；

3."两委"议事规则、村"两委"联席会议制度落实情况；

4.村党组织的领导核心作用发挥情况；

5.党务公开情况；

6.工作作风、联系群众情况；

7.廉洁自律情况；

8.村民会议、村民代表会议、"两委"联席会议决策落实情况；

9.支持村民委员会、村集体经济组织工作情况；

10.村党组织成员协调工作情况；

11.村精神文明建设情况等。

九、对村民委员会班子进行评议的主要内容是什么？

答：对村民委员会班子进行民主评议的重点是村

民委员会作为村民自治组织在村民自治中履行职责发挥作用的情况，以及接受村党组织的领导、保证村集体经济组织发挥自己职能的情况。一般包括下列内容：

1.贯彻执行党的路线、方针、政策情况；

2.协助乡镇人民政府开展工作情况；

3.贯彻执行村民委员会组织法，实行民主决策、民主管理、民主监督，尤其是村务公开情况；

4.执行村民会议、村民代表会议、“两委”联席会议决议情况；

5.办理村公共事务和公益事业情况；

6.村集体经济管理发展和村民收入情况；

7.办事公道，廉洁自律，民主作风情况；

8.支持村集体经济组织工作情况；

9.村委会成员协调组织工作情况等；

10.合理利用自然资源，保护、改善生态环境情况。

十、对村集体经济组织班子进行评议的主要内容是什么？

答：对村集体经济组织班子进行民主评议的重点是其作为村集体财产的管理者在资产管理过程中确保集体资产保值增值的情况，以及接受村党组织领导、村民委员会指导的情况。一般包括下列内容：

1.贯彻执行党的路线、方针、政策情况；

2.贯彻执行国家法律法规，依法经营情况；

3.村集体资产保值增值情况；

4.村集体经济组织财务公开情况；

5.廉洁自律，民主作风情况；

6.服从村党组织政治领导的情况；

7.接受村民委员会工作指导的情况；

8.村集体经济组织成员协调组织工作情况。

十一、对村党组织、村民委员会、村集体经济班子成员进行评议的主要内容是什么？

答：对村党组织、村民委员会、村集体经济组织成员进行评议的重点是个人履行其职务职责的情况。从全国来看，评议内容的地区差异很大。有的地方参照国家公务员的考评方法，将评议内容划分为德、能、勤、绩四个方面，以评议班子成员的工作实绩为主。有的地方结合本村实际情况和村民关注的重点制定具体测评内容。例如，指挥协调能力、决策能力、改革创新能力、事业心、工作效率、分管工作完成情况、廉洁性、民主性、群众威信和思想政治工作等10个方面；又如政策水平、工作态度、工作方法、办事效益、工作成绩、团结协作、群众关系、廉洁奉公等8个方面；再如，道德品质、勤政廉洁、“双带”(带头致富、带领群众致富)能力、遵纪守法、服务态度、工作实绩、综合评价等七个方面。

十二、民主评议会前需要准备什么？

答：民主评议会前需进行很多准备，主要包括：

1.写述职报告。述职报告主要包括两部分内容：一是写明一段时期内的目标、计划和工作完成情况。写清楚在这一时期的工作中取得了哪些成绩、经验和体会，还存在哪些差距和不足，出现了哪些失误等。二是写清楚今后工作的努力方向、工作打算以及为克服自己不足拟采取的措施等。

2.准备测评表。测评表可以由乡镇人民政府提出，再由本村村民会议或村民代表会议根据本村实际工作情况进行修改，并讨论通过，在本村民主评议中使用。有的测评表分为具体内容和量化打分两部分，由测评人针对具体内容打出相应分数；有的测评表在内容和打分部分以外还包括总体评价，例如不称职、称职、优秀等。此外，针对测评结果的奖惩措施也要由本村村民会议或村民代表会议提出，并讨论通过。

3.会议准备。也就是召开会议要做的各种必要准备，诸如选择测评的形式，准备必要的会议用品，发出会议通知，布置会场等。

十三、民主评议会议的基本程序有哪些？

答：在我国很多地方民主测评大多采取村民代表会议的形式进行，在此仅以村民代表会议为例介绍民主测评的会议程序。会议程序一般包括：

1.宣布开会、清点人数。各地方对村民代表会议都有明确的到会人数要求。因此，在主持人宣布开会后应该清点参加会议的人数，清点后要向大会宣布本次会议的应到人数和实到人数，如果参会人数达到法定要求，才能宣布参会人数符合法律规定，会议可继续召开，进行下面的议程。

2.宣布大会注意事项。大会注意事项主要是要求村民遵守必要的纪律，防止过激事件发生，以保证会议的顺利进行。

3.宣布会议议题。主持人介绍本次会议的议题，向大会通报围绕该议题各村级组织所做的各种准备等，以便与会代表了解更多相关情况。

4.述职与质询。也就是各个村组织班子和成员分别向村民代表等做述职报告，向大家讲清楚前一时期的工作情况。述职报告后，应该有一段时间给村民代表提问和质询，对村民代表提出的各种问题相关人员应该据实回答。有的地方在质询后还给与会人员一段时间自由讨论，或去征求所代表村民的意见。

5.民主评议。评议应该面对面进行，并依据先组织后个人的顺序进行。评议中村民代表应本着实事求是、有利于工作和与人为善的态度，将村民的意见建议、要求和希望和盘托出，开展批评和自我批评。特别是对村民意见较大的村干部更要一针见血地指出所存在的问题，使其认识、改正自己的错误。

6.投票测评。在民主评议后，就要发放测评表，由与会代表进行民主测评，填写测评表。

7.汇总公布测评结果。测评表或者由乡镇人民政府派人统一进行汇总，或者由村民代表会议推举工作人员进行汇总。不管用哪种办法，都要当场公布测评结果。测评结果公布后，要及时告知全体村民。

8.会议总结，宣布会议结束。

十四、民主评议的结果应该如何使用？

答：在很多地方，民主评议结果是考核村干部的重要依据，也是和村干部奖惩直接挂钩的。对群众满意的优秀村领导班子可以由乡镇给予适当的奖励；对于群众不满意的，既不能评先进集体，其成员也不能评先进个人，同时要按照一定程序依法对班子成员进行调整。民主评议的结果和村干部报酬挂钩，有的直接由村民或村民代表在民主评议的同时为村干部评定报酬，有的在村组干部报酬中按一定比例提取民主评定专项资金，按照群众民主测评结果，对评为“优秀”村领导班子、村干部发放专项奖金。对在民主评议中被认为是不合格的村干部，尤其是对连续两次被评为不合格的村干部要有一定的处罚措施，例如减少报酬、劝其辞职、启动罢免程序等。

十五、民主评议村干部时，应注意什么问题？

答：在民主评议村干部时，应当注意以下问题：

1.要依据国家有关法律、法规和党的有关方针、政策有组织地进行。民主评议一般经过乡镇统一组织部署进行，在评议中不能违背国家法律法规，也不能违背党的方针政策，更不能借口民主评议，不经过民主程序诫勉或撤换村干部。

2.要从关心和爱护干部的愿望出发，坚持实事求是，一分为二。民主评议要本着批评与自我批评、“治病救人”的目的进行，在民主评议时要重点指出村级组织及其成员的过错，要对事不对人，使得干部改进工作，更好地为村民服务。

3.要注重干部实绩，抓主要问题。民主评议不能面面俱到，要抓问题的主要方面，要看主流，看成绩。不能在一些小事上做文章，更不能抓住干部的一些小过错不放，更不能为达到某些目的找借口。

4.要与干部的使用及奖惩相结合。民主评议不能一评了之，而是要和使用干部结合起来，要和干部的报酬、激励奖惩结合起来。对民主评议中村民满意、群众信任的村干部要重点培养，给予一定的奖励；对村民极不满意、群众极不信任的村干部要根据程序予以罢免，并可采取一定惩罚措施，例如减少补贴、扣减年终奖金等。

5.在评议过程中，既要注意保障评议人的民主权利，又要注意维护被评议人的正当权益。民主评议不能搞人身攻击，要保护被评议人的合法权益。评议人可以就某事发表意见，被评议人也可以就此事发表意见，要给双方平等的发表意见机会，不能支持一方、压制一方。

对村级组织、村干部的评议是一个系统工程，不是一次两次民主评议就可以解决所有问题的，因此在民主评议时，不能要知其然，还要知其所以然，这样才可能作出更公正的判断。评议结果是考核干部的重要依据，但不能作为唯一的依据。

第七单元

责任追究制度

法律和中央政策

中华人民共和国刑法

第九十三条第二款　村民委员会等村基层组织人员协助人民政府从事下列行政管理工作，属于《刑法》第九十三条第二款规定的“其他依照法律从事公务的人员”：

（一）救灾、抢险、防汛、优抚、移民、救济款物的管理；

（二）社会捐助公益事业款物的管理；

（三）国有土地的经营、管理；

（四）土地征用补偿费用的管理和发放；

（五）代征、代缴税款；

（六）有关计划生育、户籍、征兵工作；

（七）协助人民政府从事的其他行政管理工作。

村民委员会等村基层组织人员在从事前款规定的

公务时，利用职务上的便利，非法占有公共财物、挪用公款、索取他人财物或者非法收受他人财物，构成犯罪的，适用《刑法》第三百八十二条和第三百八十三条贪污罪、第三百八十四条挪用公款罪、第三百八十五条和第三百八十六条受贿罪的规定。

最高人民法院关于村民小组长利用职务便利非法占有公共财物行为如何定性问题的批复

四川省高级人民法院：你院川高法[1998]224号《关于村民小组组长利用职务便利侵吞公共财物行为如何定性的问题的请示》收悉。经研究，答复如下：

对村民小组组长利用职务上的便利，将村民小组集体财产非法占为己有，数额较大的行为，应当依照《刑法》第二百七十一条第一款的规定，以职务侵占罪处罚。

《中国共产党纪律处分条例》

第九十五条　农村党组织、社区党组织和村民委员会、社区居民委员会等基层组织中的党员从事下列公务，利用职务上的便利，非法占有公共财物，挪用公款，索取他人财物或者非法收受、变相非法收受他人财物为他人谋取利益的，分别依照本条例第八十三条、第九十四条、第八十五条规定处理：

（一）党费、社保基金和救灾、抢险、防汛、优抚、扶贫、移民、救济、防疫款物的管理；

（二）社会捐助公益事业款物的管理；

（三）国有土地的经营和管理；

（四）土地征用补偿费的管理；

（五）代征、代缴税款；

（六）有关计划生育、户籍、征兵工作；

(七)协助人民政府从事的其他行政管理工作；

(八)依照党内法规从事党的纪检、组织(人事)、宣传等工作。

中共中央办公厅、国务院办公厅关于健全和完善村务公开和民主管理制度的意见(中办发[2004]17号)

建立决策责任追究制度。除发生自然灾害等紧急情况外，村民会议或村民代表会议依法形成的决议不得随意更改，如因情况发生变化确需更改的，要通过村民会议或村民代表会议讨论决定。未经村民会议或村民代表会议讨论决定，任何组织或个人擅自以集体名义借贷，变更与处置村集体的土地、企业、设备、设施等，均为无效，村民有权拒绝，造成的损失由责任人承担，构成违纪的给予党纪政纪处分，涉嫌犯罪的移交司法机关依法处理。

村干部任期届满或离任时必须审计。在审计中查出侵占集体资产和资金，多吃多占、铺张浪费的，要责令其如数退赔；涉及国家工作人员及村干部违法违纪的，需要给予党纪政纪处分的，移交纪检监察机关处理；构成犯罪的，移交司法机关依法追究当事人的法律责任。

小故事： 2002年8月20日，坐落在某省会城市近郊区的有2800选民的大李村，迎来了该村第五届村民委员会换届选举。村民们欢天喜地地选举了在当地有影响的农民企业家毛大伟为村委会主任。毛大伟上任后，带领村民整理村道路，修建灌溉渠道，联系农产品销路，深受村民的爱戴和尊敬。但不久，毛大伟骄傲自大、独断专行，辞掉村会计，自己管起了账目。对此，村民很有意见。要求召开村民代表会议，毛也不召开。后来，毛染上了赌博恶习，随意填支票盖公章从信用社提取村集体存款，从2003年2月到2004年5月的一年多时间里，先后21次支取现金93.9万元，全部用于赌博。2004年8月，某市人民法院以挪用资金罪判处毛大伟有期徒刑8年零6个月。

想一想： 这是一个真实的故事，只是虚拟了地名和人名。毛大伟由被村民尊敬和爱戴的村委会主任沦为阶下囚，说明他本身的蜕变。但同时也说明一个道理，那就是村民自治组织的干部，违纪违法同样要受到党纪国法的制裁。绝不因为你是自治组织的干部，村民选举的，不是国家公务员，违纪违法就不进行责任追究，不负法律责任。相反，全国人大常委会的法律解释明确强调，农村基层组织的干部在协助人民政府办理行政工作时违法乱纪，照样要负法律责任；中办发[2004]17号文件也同样规定，村干部擅自决策造成重大失误、侵占村集体资产也要追究责任，受党纪政纪处分和法律处罚。这个故事给我们的启示是：第一，村干部一定要接受村民的监督，不受监督的权力定会产生腐败；第二，村干部一定要自律，严格要求自己；第三，村干部一定要遵纪守法，不做违纪违法的事情。只有这样，才能对得起父老乡亲，才能对得起村民的选票。如何根据法律法规和中央政策，对违规违纪的村干部进行责任追究，正是本章要研究和探讨的问题。

一、什么是村务责任追究？

答：要研究对村级干部的责任追究问题，首先要弄清什么是村务责任追究；要回答什么是村务责任追究，还应进一步分析什么是责任追究，追究的责任主体是谁，责任构成要件有哪些以及确认和追究责任时应遵循哪些原则等问题。

什么是责任追究呢？责任，就是分内的事，即国家法律、法规和中央政策规定应该做的事，也就是职位与职责要求做的事情。追究，就是追问、追查、处罚，追问原因、追查责任。总起来说，责任追究就是责任人(责任主体)没有按照国家法律和中央政策规定，做好职位和职责要求做好的分内应该做的事，因而应当承担的过失。换言之，就是法定的权力机关，对责任主体违法违纪或不当行为所进行的追究，也即行为人应负的法律后果。

村务责任追究，就是村干部(责任主体)在实施村务决策、办理村务或履行职务时，未按国家法律和中央政策以及村民自治章程、村规民约的要求办理，而是违法违规违章违制并造成严重后果，对其进行责任追究的行为。

那么，追究谁呢？谁是村务责任主体呢？按照《村委会组织法》和中办发[2004]17号文件的规定，村务责任主体应包括3个层次：第一个层次，即主要层次是村党组织、村民委员会、村集体经济组织班子的成员，特别是村党组织的书记和村民委员会主任是主要责任主体；第二个层次，即次要层次是村务公开监督小组和村民民主理财小组成员，村民委员会设立的人民调解、治安保卫、公共卫生等下属委员会成员以及村民小组长等；第三个层次，即主要、次要层次以外的享受由村民或集体承担误工补贴(工资)的其他村务管理(包括文书、会计、出纳、电工、水工等)人员。

村务责任主体明确后，还应了解村务责任构成要件，这是判断责任及追究责任的前提条件。村务责任构成要件有以下四个方面：

1.村务责任行为人已构成违法违纪或违规违章，不构成的不得追究。

2.村务责任行为人具有责任能力。衡量责任人能力的标准，一是年龄，二是智力。年龄按《村委会组织法》为18周岁(法律另有规定的除外)，此外，虽然年龄已达责任年龄，但因智力上的缺陷不能辨认或不能控制自己行为的，不承担村务责任。

3.村务责任行为人的主观故意程度。如动机、目的、事后的态度等，承担村务责任的轻重与行为人主观故意程度相关联。

4.村务责任行为人违法违纪或违规违章的情节和后果。不同的村务违法违纪有不同的情节，造成不同的后果，其处罚也不一样。

上述责任主体，虽然是村干部、村务管理人员，但毕竟不是国家公务员，在责任追究时应与国家公务员有所区别。在确认和追究村级干部责任时应遵循下列原则：一是违法者责任自负的原则。谁的责任谁负，不殃及无辜；二是实事求是的原则。是什么问题就是什么问题，不夸大不缩小；三是责任轻重与违法违纪违章程度相一致的原则。重的重罚，轻的轻罚，不能混淆；四是补救、惩戒和教育相结合的原则。能补救的补救，要强调教育，以教育为主、惩戒为辅。

二、为什么要建立村务责任追究制度?

答：建立村务责任追究制度，对村干部和村务管理人员进行责任追究，是中办发[2004]17号文件首次提出的。党中央、国务院为什么要提出对村级干部进行责任追究呢？原因有以下几个方面：

1.建立村务责任追究制度，对村干部使用权力是一种约束。村干部，特别是村党组织的书记、村委会主任，都掌握着村庄的公共权力，尤其是那些东部经济发达的村庄，城郊结合部的村庄，矿藏资源丰富的村庄，交通枢纽的村庄，村庄的公共权力更大。包括：(1)村庄的各种资源的处置权力(国家法律法规规定的除外)，如属村庄集体所有的土地、森林、水体等。(2)处置村庄的人事权力，如当兵、转干、选聘村务管理人员等。(3)决策村务的权力。(4)办理村务的权力。(5)办理村庄事务的其他权力等。掌握着权力，就有滥用的可能，滥用就可能腐败，腐败就会对村民的财产造成损失。为了遏制村干部滥用村庄的公共权力，防止腐败案件的发生，建立村务责任追究机制，这对村干部来说无疑是一种约束力量。

2.建立村务责任追究制度，可使处置村级干部的过失有章可循。由于村干部不是国家公务员，不属法律调整的范围，虽然全国人大常务委员会对村民委员会等村基层组织人员协助人民政府从事行政管理工作时，利用职务上的便利，非法占有公共财物等按《刑法》有关条款处罚，但对村干部在处置村集体的资源、村务决策、财务管理和办理村务中主观故意、过失等问题，如何进行处置并未有明确的政策规定，给处罚带来了困难。中办发[2004]17号文件明确规定了村务责任追究制度，特别是规定了村务决策责任追究制度和财务审计、财务管理责任追究制度，这为各村有类似问题发生进行处理有了依据，有章可循。这也是村民自治建设中的一件大事，使村民自治的各项制度建设更加健全和完善，村民的民主权利有了更加可靠的保证。

3.建立村务责任追究制度，对村干部和村务管理人员是一种警示。新中国成立至1982年前，我国农村的体制一直是乡领导村，乡与村是领导关系，村干部受乡党委和政府的制约，村干部的过失一般也由乡处罚。1982年后，我国实行“乡政村治”体制，乡设人民政府为农村基层政权，村建立村民委员会，实行村民自治，乡与村的关系由过去的领导关系变为指导关系。特别是1988年《村委会组织法(试行)》实施后，全国各地都进行了村民委员会直接选举，村委会干部由村民直选，在这种情况下，有些村干部错误地认为实行自治了，可以不受约束了，放纵自己的行为，加之社会大环境的影响，不少村干部侵吞村集体资产，受到党纪、政纪处分，被村民罢免，还有的受到刑事处罚。中办发[2004]17号文件明确规定了村务责任追究机制，村干部擅自作出的决策、审计查出的侵占集体的资产等问题，都要受到责任追究。这对每一位村干部和村务管理人员都是一种警示和约束。

三、村务决策责任追究制度包括哪些内容？

答：村务决策责任追究制度，是中办发[2004]17号文件第三个大问题“进一步规范民主决策机制，保障农民群众的决策权”中的第四个小问题。民主决策机制的前三个问题分别是，村级民主决策的内容、民主决策的形式和民主决策的程序，决策的内容、形式、程序和决策责任追究4个方面，构成了村级民主决策机制。在这个机制中，决策责任追究制度是重要的一环，起监督和保障作用。

中办发[2004]17号文件规定的“村务决策责任追究制度”包括三方面的内容：

第一方面的内容，明确了村级民主决策环节的延续性、严肃性和权威性。所谓延续性，是指村级民主决策了的事情，一旦决定了就不要轻易变更，要稳固执行，不要因为班子成员变化而更改或废止决策的贯彻执行，即使班子成员全换了，前任班子作出的决策也应继续执行。但是，从全国来说，有些村“人走茶凉”，班子成员或班子换了，所作的决定也就无效了，更谈不上执行了。这种做法是错误的，应保持决策的延续性。所谓严肃性，是指“除发生自然灾害等紧急情况外，村民会议或村民代表会议依法形成的决议不得随意更改，如因情况发生变化确需更改的要通过村民会议或村民代表会议讨论决定。”这就是说村级依法律程序作出的决策，除发生自然灾害等紧急特殊情况外，一般是不得更改，要保持决策的严肃性。所谓权威性，是指村级依法作出的决策，在本村庄内具有至高的权威，村党组织和村民委员会应无条件贯彻执行，村干部和村民也应无条件执行和遵守，不得以决策时我未同意、我未举手就不服从、不执行，因为村内的民主决策体现绝大多数村民的意见和利益，少数要服从多数，这是我们党和国家实施村民自治的一条根本原则。

第二方面的内容，规定了村级民主决策的事项要有书面记录和妥善保管。中办发[2004]17号文件明确要求：“村民会议或村民代表会议讨论决定的事项，要形成书面记录并妥善保存。”为什么党中央、国务院对村级民主决策作如此的要求呢？这是因为许多村庄不论召开村“两委”联席会议，还是村民会议或村民代表会议，一般不做会议记录，会议结束了未留下任何书面文字的东西，更谈不上存档。遇到问题需要查询全凭脑子回忆，给工作造成很大不便。针对许多村庄存在的上述问题，党中央、国务院才在中办发[2004]17号文件中如此要求。其目的，一是为了建立健全村级民主决策制度。会议做记录、归档并妥善保存是村级民主决策中的一项重要程序和基本要求，缺少这项程序和要求，民主决策的过程就不完备。二是为了便于查询。因为村民会议或村民代表会议作出的决策，具有延续性、严肃性、权威性，涉及全体村民的利益，而且还要执行，执行中遇到什么问题要查询；村民对决策有意见，举报、信访、诉讼也要查询。做记录、存档，为查询问题提供了依据，为解决矛盾提供了条件，是利村、利民、利干部，一举三得的村庄基础性的建设工作。

第三方面的内容，作出了对擅自变更村级民主决策的要进行处罚的规定。中办发[2004]17号文件强调："未经村民会议或村民代表会议讨论决定，任何组织或个人擅自以集体名义借贷，变更与处置村集体的土地、企业、设备、设施等，均为无效，村民有权拒绝，造成的损失由责任人承担，构成违纪的给予党纪政纪处分，涉嫌犯罪的移交司法机关依法处理。"这个规定有3层意思：一是不得擅自变更村民会议或村民代表会议的决策，不得未经村民会议或村民代表会议讨论决定就打着集体名义处置村集体资产；二是划清了界线，谁违犯谁负责；三是处罚的办法，违纪的给党纪政纪处分，犯罪的交司法机关处罚。这个问题，虽然中办发[2004]17号文件提出了要求，指明了方向，但在实践中还是有一定困难的。这就要求乡镇党委和政府以及村级组织，特别是村党组织、村民委员会，要认真负责地按着中央的要求办理；司法机关，特别是基层司法机关要秉公办案，使触犯刑律者得到应有的处罚。

四、村级财务责任追究制度包括哪些内容？

答：中办发[2004]17号文件中的第四个大问题

“进一步完善民主管理制度，保障农民群众的参与权”，第五个大问题“进一步强化村务管理的监督制约机制，保障农民群众的监督权”都提到了村级财务责任监督的问题，归结起来，主要有两个方面：一是农村集体财务的审计，二是审计出问题进行责任追究。

1.关于农村集体财务的审计

农村集体财务，一直是人们关心的热点问题，也是出现问题最多的一个方面，矛盾突出，村民上访告状，尤其是近几年，矛盾更尖锐。正因为如此，党中央、国务院在中办发[2004]17号文件中非常明确规定：要“加强对农村集体财务的审计监督。”

农村集体财务审计是一种经济监督，它是由农村经营管理部门依据国家法律、法规和规章的规定，运用审计的方法，按照规定的程序，对农村集体财务及其有关单位的财务收支和经济管理活动的真实性、合法性和效益状况进行审查，并评价其经济责任，对审查结果作出公正结论，以达到严肃财经纪律，改善财务管理水平，提高经营管理质量，维护村集体和村民利益的目的。

对农村财务的审计监督，是村级财务责任追究的基础。经过审计才能发现问题，发现了问题才能进行追究。那么由谁进行审计呢？中办发[2004]17号文件也明确了审计单位，这就是：“县、乡两级农村集体资产和财务管理指导部门”，并要求他们“要切实组织好对农村集体财务的审计监督工作。”由此，明确了审计主体，解决了过去长期未解决的由谁来审计的问题，避免出现推诿扯皮现象。

群众关心的热点问题及其村委会反馈也要进行公开

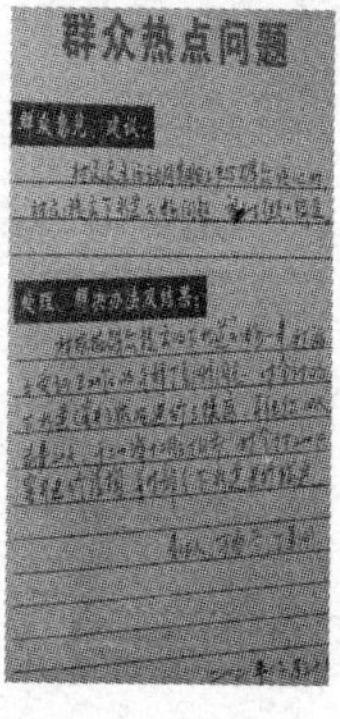

审计的内容，中办发[2004]17号文件规定是“集体资产的管理使用、财务预决算、财务收支、生产经营和建设项目的发包管理、集体的债权债务、上级划

拨或接受社会捐赠的资金、物资使用等情况以及群众要求审计的其他事项。当前，要加大对集体土地征用、集体企业改制、‘村改居’和并村过程中集体资产的处置、村内‘一事一议’筹资筹劳、新型农村合作医疗、政府发放到村到户的各项补贴资金和物资等事项的审计力度，并将审计结果及时公布。”上述规定是党中央、国务院根据全国的情况制定的，具有普遍意义，各地应坚决按中央的规定不折不扣地执行。但具体到一个村，审计哪些内容要根据本村的具体情况决定，特别是要根据广大村民的要求和村民会议或村民代表会议的决议来确定审计内容，这样更有针对性。

审计时要做好审计工作记录，这是审计工作的重点。做记录时要注意以下问题：

一是记录要真实。因为记录是形成审计报告内容的重要证据，记录必须真实，不允许弄虚作假，要实事求是地反映审计真实情况。

二是记录要有价值。对有价值的事实和资料要认真收集和记录。

三是要能说明一项事实。无论在什么情况下，记录什么内容都要记录事实的出处，以便复核查证。

四是履行必要的证明和复核手续。审计工作记录是对事实的真实反映，如果遇到的问题性质较严重，审计人员要做好查对复核工作，并应由主审人员复核审签。

审计工作结束后，要对审计工作进行全面总结，对审计事项作出客观、公正的评价，撰写和提出审计报告，作出审计处理决定，做好复审和建立审计档案等工作。同时还要将审计结果及时向村民公布，接受村民的监督和审查。

2.关于村级财务的责任追究

村级财务经过审计，给村民一个明白，还干部一个清白，是一举两得的事情。同时，经过审计还可以发现问题，对于审计中发现的问题，中办发[2004]17号文件指出："在审计中查出侵占集体资产和资金，多吃多占、铺张浪费的，要责令其如数退赔；涉及国家工作人员及村干部违法违纪的，需要给予党纪政纪处分的，移交纪检监察机关处理；构成犯罪的，移交司法机关依法追究当事人的法律责任。"在这里，党中央、国务院十分明确地提出了，对查出的村级财务问题要分清责任，分清性质，分别处理。

一是对于侵占集体资产和资金，多吃多占、铺张浪费的，要责令其退赔。这类问题主要发生在村干部身上，各地不同程度地存在，性质较轻微，危害程度也较轻，所以中央文件强调"要责令其退赔"。退赔工作，村民是比较关心的，村党组织和村民委员会以及乡镇党委、政府，应认真负责地做好工作，该退多少就退多少。退赔是一种处罚、一种惩罚，不能敷衍了事，不了了之。除此之外，还应让他们作出深刻检查，吸取教训，以便改正。在退赔这个问题上，村民会议或村民代表会议以及村民民主理财小组都应发挥监督作用，真正把退赔工作落到实处。

二是涉及国家机关工作人员及村干部违法违纪的，需要给予党纪政纪处分的，移交纪检监察机关处理。这类问题较前一类问题严重，应由纪检监察部门专门办理。是党员的，按《中国共产党纪律处分条例》第九十五条规定处理。第九十五条规定：农村党组织、社区党组织和村民委员会、社区居民委员会等基层组织中的党员从事下列公务，利用职务上的便利，分发占有公共财物，挪用公款，索取他人财物或者非法收受、变相非法收受他人财物为他人谋取利益的，分别依照本条例第八十三条、第九十四条、第八十五条规定处理：

（一）党费、社保基金和救灾、抢险、防汛、优抚、扶贫、移民、救济、防疫款物的管理；

（二）社会捐赠公益事业款物的管理；

（三）国有土地的经营和管理；

（四）土地征用补偿费的管理；

（五）代征、代缴税款；

（六）有关计划生育、户籍、征兵工作；

（七）协助人民政府从事的其他行政管理工作；

（八）依照党内法规从事党的纪检、组织（人事）、宣传等工作。

是党员的，给予党籍处分。非党员的，属国家机关工作人员的，由监察部门办理，给予政纪处分；属村民委员会成员的，可由村民会议或村民代表会议讨论决定处理意见，甚至由村民提出罢免案，依法进行罢免。

三是构成犯罪的，移交司法机关依法追究当事人的法律责任。这是追究当事人责任的最严厉处罚。追究当事人的法律责任，分两种情况：一种是属于九届全国人大常委会第十五次会议通过的关于《中华人民共和国刑法》第九十三条第二款解释的人员。第二款解释是：村民委员会等村基层组织人员，在协助人民政府从事行政管理工作（见本章开头的法律规定）的公务时，利用职务上的便利，非法占有公共财物、挪用公款、索取他人财物或者非法收受他人财物，构成犯罪的，适用《刑法》第三百八十二条和第三百八十三条贪污罪、第三百八十四条挪用公款罪、第三百八十五条和第三百八十六条受贿罪的规定。另一种是不属于协助人民政府从事行政管理工作，而是拍脑袋擅自决策村务造成重大损失和在办理村务时贪污挪用、行贿受贿等。上述两种情况，不论属于哪一种，公安、法院、检察院等司法机关，都应依法办案，依法追究当事人的法律责任，给村民一个交待，给后人一个警示，切实保障村民的合法财产不受侵犯。

第八单元

村民的举报、信访与舆论监督和司法监督

法律和中央政策

宪法

第四十一条　中华人民共和国公民对于任何国家机关和国家工作人员，有提出批评和建议的权利；对于任何国家机关和国家工作人员的违法失职行为，有向有关国家机关提出申诉、控告或者检举的权利，但是不得捏造或者歪曲事实进行诬告陷害。

对于公民的申诉、控告或者检举，有关国家机关必须查清事实，负责处理。任何人不得压制和打击报复。

由于国家机关和国家工作人员侵犯公民权利而受到损失的人，有依照法律规定取得赔偿的权利。

村委会组织法

第十五条　以威胁、贿赂、伪造选票等不正当手段，妨害村民行使选举权、被选举权，破坏村民委员会选举的，村民有权向乡、民族乡、镇的人民代表大会和人民政府或者县级人民代表大会常务委员会和人民政府及其有关主管部门举报，有关机关应当负责调查并依法处理。以威胁、贿赂、伪造选票等不正当手段当选的，其当选无效。

第二十条　村民会议可以制定和修改村民自治章程、村规民约，并报乡、民族乡、镇的人民政府备案。

村民自治章程、村规民约以及村民会议或者村民代表讨论决定的事项不得与宪法、法律、法规和国家的政策相抵触，不得有侵犯村民的人身权利、民主权利和合法财产权利的内容。

第二十二条　村民委员会实行村务公开制度。

村民委员会应当及时公布下列事项，其中涉及财务的事项至少每六个月公布一次，接受村民的监督：

(一)本法第十九条规定的由村民会议讨论决定的事项及其实施情况；

(二)国家计划生育政策的落实方案；

(三)救灾救济款物的发放情况；

(四)水电费的收缴以及涉及本村村民利益、村民普遍关心的其他事项。

村民委员会应当保证公布内容的真实性，并接受村民的查询。

村民委员会不及时公布应当公布的事项或者公布的事项不真实的，村民有权向乡、民族乡、镇人民政府或者县级人民政府及其有关主管部门反映，有关政府机关应当负责调查核实，责令公布；经查证确有违法行为的，有关人员应当依法承担责任。

小故事： 东南沿海某渔港。生活在那里的人们，祖辈以渔业为生。改革开放以后，城市建设突飞猛进，渔港变成了现代化的大都市。在这个大都市的远郊山区有一个小村庄，名叫李王庄。

李王庄，130户、728口人，李姓占60%，王姓占30%，其他为杂姓。人们以农耕为生，是该市出名的贫困村。村民渴望着像其他村的村民一样喝上自来水，住上楼房。

2002年3月，李王庄进行第六届村民委员会选举，村民们喜气洋洋携老扶幼，拿着选民证来到选举会场，期望能选出带领他们脱贫致富的村民委员会班子。本届村民委员会由7人组成(主任1人、副主任2人、委员4人)，村党支部3人组成，书记兼主任，2名支委兼副主任，村“两委”成员共7人。

2004年，该市修建通省会城市的高速公路，公路从李王庄通过。征用该村耕地120 亩，得补偿费800万元。村“两委”拿到补偿费后，不想村民的脱贫致富，不想村民的生活仍很贫困，而是到省会城市的西湖中的“国宾馆”开所谓的“村民委员会工作会议”，7人开了5天会，花了10多万元。此事，不久被媒体曝光，标题是“村民委员会会议竟开到国宾馆”。之后，国内各新闻媒体纷纷转载，成为人们茶余饭后议论的话题。

“村民委员会会议开到国宾馆”披露后，舆论哗然，村民愤怒……

想一想：撰写的小故事，既有原型又有虚构。说有原型，在中国的大地上确实发生过“村委会会议开到国宾馆”的事件；说有虚构，村庄名、征地补偿费800万元是杜撰的。但是，不管是原型，还是杜撰，故事确实发人深醒、引人深思。该事件说明媒体监督的作用十分重要。事件如没有媒体的曝光，村民可能永远不会知道，所以单靠村民自治体内部的监督是不够的，还需要自治体外的国家信访机关、媒体和司法的监督。这也正是本章要研究和讨论的村民举报、信访、媒体监督和司法监督的问题。

一、为什么说举报是村民的权利？

答：举报，是指向有关单位检举报告违法违纪行为。村民举报，是指村民向有关部门和有关单位检举报告本村违法违纪、违章违规的行为。那么，为什么说举报是村民的权利呢？这要从三个方面回答：

1.国家性质的规定。我们国家是人民民主专政的社会主义国家，国家的一切权力属于人民，人民是国家的主人，人民通过多种途径和方式当家作主。正因为如此，《宪法》第四十一条规定：“中华人民共和国公民对于任何国家机关和国家工作人员，有提出批评和建议的权利；对于任何国家机关和国家工作人员的违法失职行为，有向有关国家机关提出申诉、控告或者检举的权利。”

2.法律赋予的权利。《村委会组织法》是村民自治的主要法律。《村委会组织法》第十五条规定，在村级民主选举中，对村民委员会选举的违法违规行为，对妨害村民行使选举权和被选举权的，破坏村民委员会选举的，村民有权向国家有关机关——乡镇人民代表大会和人民政府或者县级人民代表大会常务委员会和人民政府及其有关主管部门举报；第二十二条还规定，在村务公开工作中，对村民委员会不及时公布应当公布的事项或者公布的事项不真实的，村民有权向乡、县人民政府或有关部门反映或举报。

3.推进村民自治的需要。村民自治制度的本质是“由村民群众依法办理自己的事情，发展农村基层民主，促进农村社会主义物质文明和精神文明建设”。因此，自治的主体是村民，村民是村里的主人。村民对村里的一切事务，对村里的民主选举、民主决策、民主管理和民主监督都有举报权，这是推进村民自治的客观需要。

举报，是村级民主监督的重要形式。村民在发现村务管理中的问题，一般都采用举报的形式进行监督。但是，村民的举报权不能滥用，要正确使用。村民怎样行使举报权呢？

1.实事求是。村里发生的一切事项都有一个前因后果，村干部和村务管理人员违法违纪、违规违章也都有一个来龙去脉，村民发现问题举报时，一定要按事项的本来面貌实事求是地反映和举报。

2.出以公心。村里的村务大都涉及村庄的集体事务，村务的决策和村务的办理也都涉及村民和集体的利益，在这当中有些村务可能涉及个人利益，与个人利益相冲突，或者触犯了个人利益，在这种情况下反映和举报问题要出以公心，不要夹杂个人恩怨。

3.防止诬陷。宪法和法律都明确规定村民向国家机关举报时“不得捏造或者歪曲事实进行诬告陷害”，所以，村民在行使举报权时一定要注意这个问题。

二、何谓信访？村民如何信访？

答：所谓信访，是指公民(村民)、法人或者其他组织，采用书信、电子邮件、传真、电话、走访等形式，向各级党的组织、人大组织和人民政府，县级以上人民政府工作部门等反映情况，提出建议、意见或者投诉请求，依法由有关机关处理的活动。

采用书信、电子邮件、传真、电话、走访等形式，反映情况，提出建议、意见或者投诉请求的公民(村民)、法人或者其他组织，称为信访人。

那么，村民(信访人)到哪里信访呢？信访机关有哪些呢？根据中国共产党党内监督条例(试行)、国务院《信访条例》规定，我国信访机关主要有3个方面：

1.党务系统。党的各级委员会(各级党委)设各级纪律检查委员会。党的各级纪律检查委员会，是党内监督的专门机关，是接受村民反映村党组织和党员问题的专门机关。

2.各级人民代表大会以及县级以上各级人民代表大会常务委员会、人民法院、人民检察院系统。上述国家权力机关、人民法院机关、人民检察院机关，依据法律的规定都分别设有专门接待群众信访的接待处。

3.各级人民政府以及县级以上人民政府的工作部门(职能部门)系统。各级人民政府(包括中央、省、市、县、乡)都设有专门接待群众信访的信访部门或信访人员，各级人民政府的工作部门都设有专门接待群众信访的工作机构或人员。村民群众可以根据投诉的对象、案件的性质和投诉的情况和需要，分别向有关信访系统举报、投诉。

村民群众采用什么形式信访呢？主要有五种形式，即书信、电子邮件(网络)、传真、电话和走访。

村民群众信访的渠道是：各级党的纪律检查委员会、国家权力机关和人民政府机关以及人民政府机关的工作机关公布的信访工作机构的通信地址、电子信箱、投诉电话、信访接待的时间和地点等。同时，设区的市、县级人民政府及其工作部门，乡镇人民政府都建立行政机关负责人信访接待日制度，政府的市长、县长、区长、乡长、镇长都有义务接待村民的信访。

村民信访应注意的问题。举报信访是村民群众应享受的权利，但是权利和义务是对等的，享受权利就应尽义务，尽义务就有规则，所以，村民信访应注意以下问题：

1.村民(信访人)提出信访事项，一般应当采用书信、电子邮件、传真等书面形式；村民(信访人)提出投诉请求的，应当载明信访人的姓名(名称)、住址和请求、实事、理由等。一般用真名、实名，不用匿名；写清通信联系地址、电话号码，以便联系。

2.村民(信访人)采用走访形式提出信访事项的，应当到有关机关设立或者指定的接待场所提出。多人采用走访形式提出共同的信访事项的，应当推选代表，代表人数不得超过5人。 这一点应十分注意，特别是那些集体上访的村民，应推出代表申诉意见和理由，不得一哄而上，无秩序、无纪律。

3.村民(信访人)提出的信访事项，应当客观真实，对其所提供的材料内容的真实性负责，不得捏造、歪曲事实，不得诬告、陷害他人。谁诬告陷害，谁负法律责任。村民(信访人)捏造歪曲事实、诬告陷害他人，构成犯罪的，依法追究刑事责任；尚不构成犯罪的，由公安机关依法给予治安管理处罚。

4.村民(信访人)在信访过程中应当遵守法律、法规，不得损害国家、社会、集体的利益和其他公民的合法权利，自觉维护社会公共秩序和信访秩序，不得有下列行为：

一是在国家机关办公场所周围、公共场所非法聚集，围堵、冲击国家机关，拦截公务车辆，或者围堵、阻断交通；

二是携带危险物品、管制器具；

三是侮辱、殴打、威胁国家机关工作人员，或者非法限制他人人身自由；

四是在信访接待场所滞留、滋事，或者将生活不能自理的人弃留在信访接待场所；

五是煽动、串联、胁迫、以财务诱使、幕后操纵他人信访或者以信访为名借机敛财；

六是扰乱公共秩序、妨害国家和公共安全的其他行为。上述信访注意事项，村民(信访人)都应无条件遵守，这是国家法律、法规对所有公民(包括村民)的规定。规定面前人人平等，不得以村民自居而不遵守。

三、村民怎样利用新闻媒体实施舆论监督？

答：村民可以利用新闻媒体实施舆论监督。怎样监督呢？首先要介绍什么是新闻媒体监督、新闻媒体监督的特点和作用，然后再介绍村民利用新闻媒体实施舆论监督应注意的问题。

什么是新闻媒体监督？它是指人民(村民)群众通过新闻媒介如报刊、电视、广播等表达公意，对党委、政府机关及其公务员的公务活动，村干部的村务活动以及涉及人民群众切身利益的其他重大事务，进行监察和督导。

新闻媒体监督与其他监督形式相比有其本身的特点：

1.公开性。是指人民(村民)群众反映的问题一旦在媒体公布，见诸报端，那么问题就公之于众了，这与党政机关的信访，只有少数人知道相比媒体监督确实具有公开性。

2.及时性。是指人民(村民)群众反映的问题，媒体处理得比较及时。

3.广泛性。是指人民(村民)群众反映的问题，一旦在媒体披露，人民大众就知道，传播的比较广泛。

4.公正性。是指媒体对人民(村民)群众反映的问题公正、公平的对待，媒体面前人人平等。

新闻媒体监督具有公开性、及时性、广泛性和公正性的特点，是一种重要的监督途径，在反腐倡廉和民主监督的过程中能够起到重要作用。所以，村民群众完全可以利用新闻媒体实施舆论监督。

媒体监督的作用：

1.腐败最怕曝光。腐败就是通过公权牟取私利，都是暗箱操作，都是见不得人的事情，因此腐败最怕见太阳，而媒体的特点就是公开曝光，这是媒体监督的巨大作用。

2.可以形成强大的社会压力。腐败现象从来都是为人们所痛恨的，腐败问题被新闻媒体曝光后，人民(村民)群众会纷纷议论，形成强大的社会舆论，这对违法违纪的腐败分子是一种威慑力量。

3.可以督促司法机关依法处理。村民群众向媒体反映的问题，被媒体曝光后，形成了强大的社会舆论压力，司法机关办案时就会考量这些问题，秉公办案，依法严惩腐败分子。

村民在利用新闻媒体实施监督时应注意以下问题：

1.要分清媒体监督与党政机关信访和司法机关监督的区别。媒体只能起到曝光、披露、造舆论的作用，它不是处理、裁决、断案机关，处理、裁决、断案还是靠党政信访机关和司法机关，因此，村民群众反映的问题媒体披露后，其任务也就完成了。

2.向媒体反映的问题更要实事求是、客观公正，一是一、二是二，不得有任何偏颇。因为媒体一旦将问题登出和披露，就等于将一碗水泼到地上，收也收不回来。这个问题是非常严肃的问题，不然的话，媒体披露错误的信息、不真实的信息，其结果是不堪设想的，不但媒体要受到影响，村民群众也要受到影响。

3.不要强迫和围攻媒体。村民群众向媒体反映的问题，媒体要根据自身的考量来决定是否披露曝光，需要披露曝光的媒体会安排，需要向上级反映的媒体会以“内刊”的形式上报。对于不便披露曝光的，村民群众也要理解，更不得以此为理由强迫媒体怎么做、不怎么做，甚至围攻媒体。总之，要尊重媒体、爱护媒体、保护媒体的声誉，使媒体在民主监督中发挥更大的作用。

四、村民如何运用司法监督？

答：司法监督是我们国家极其重要的一种监督形式。分广义的司法监督和狭义的司法监督。广义的司法监督是指监督主体对司法活动的合法性进行的监察、督导。在我国，监督的主体包括国家权力机关、中国共产党、各民主党派、中国人民政治协商会议、各种社会团体、社会舆论和公民(村民)个人以及司法机关对自身系统的监督。监督的客体仅限于司法机关及其司法活动的合法性。狭义的司法监督是指司法机关，对法的实施过程中的违法犯罪行为和自身系统中的执法活动的合法性，进行的监察、督导。

司法监督包括人民检察院的法律监督和人民法院的审判监督。法律监督和审判监督指人民检察院和人民法院对国家行政机关及其工作人员的行政行为的监督，当然，也包括对村级干部和村务管理人员违法的监督。人民检察院是我国国家法律监督机关，主要通过行政法律监督权对国家行政管理活动进行法纪监督，目的是监督国家行政机关及其工作人员的活动，使其严格地遵纪守法。人民法院通过审判活动，监督行政机关，督促其活动严格依法办事。

在我国，司法权、行政权和村务权同属于执行权，但前者对后者实行监督。所以，司法监督权是我

国政权体系监督机制中的重要组成部分。如果说立法监督是“防患于未然”，那么司法监督就是“止患于已然”，是一种事后监督。公正的司法监督在反腐败、维护法制和维护社会稳定方面能够发挥特殊作用。所以，村民群众在村内民主监督和信访无效的情况下，应该勇敢地拿起法律武器向司法机关提起诉讼，以法律武器来保护村民的权益不受侵犯。

村民群众为维护自己的权益拿起法律武器，走法律诉讼的同时，自己本身一定要学法，多向律师咨询或者聘请律师打官司。这样，以求得司法公正。

村民司法监督的主要方式是起诉。当村民的权益受到侵犯，特别是受到村级组织的侵犯时，可以依据相关法律的规定进行起诉。起诉是提起诉讼的第一步。起诉的准备工作有的比较繁杂，有的则较为简单。但无论繁杂还是简单，大致都包括原因、实事和理由、证据、对象、诉讼请求等几个方面。首先，是清晰地整理诉讼原因，为什么要告状，要达到怎样的目的等，这一点村民要搞清楚，不要无目的、无原则地乱起诉。其次，任何诉讼原因都需要有确凿的证据予以支持，从而使诉讼具有坚实的依据。村民在提起诉讼时，一定要注意收集证据，但这一点往往被村民忘记和忽略。再次，任何的诉讼都应该有明确的对象，谁是被告，你要告谁，这个问题不得含糊。如果诉讼原因不明确或漫无目的，或者虽有目的而缺乏根据，或者虽有目的，且有根据而缺乏诉讼对象，或者诉讼目的不明，证据不清，对象不明确，那么，这些情况既可能构成对方反击的依据，也可能面临被法院驳回的风险。村民群众在起诉时一定要非常注意这个问题，把起诉的原因、实事、理由、证据、对象和诉讼请求都写得清清楚楚，以利于诉讼。同时，在整个诉讼过程中，起诉不过是初步表明了原告的动向，它是否朝着有利于原告所期望的方向发展，往往不是原告所能左右的，要取决于更多的其他的因素。对此，村民群众要做到心中有数，要按照司法机关的要求去做，要服从司法机关的安排，不得以任何理由干扰司法机关的工作，更不得围攻司法机关和妨碍司法机关办案。

有些村民，特别是老、弱、病、残村民，在司法诉讼过程中由于经济上的原因，可以向有关部门申请法律援助。法律援助是国家以减、免费用的办法，使案件当事人在经济困难或者某些特殊情况下，处理法律事务能够得到律师帮助的法律制度。1996年，司法部成立了法律援助中心，之后，全国各地也先后成立了地方法律援助中心。法律援助的案件范围包括诉讼案件和非诉讼案件。法律援助的对象是：公民(村民)在赡养、工伤、刑事诉讼、请求国家赔偿和请求依法发给抚恤金等方面需要获得律师帮助，但是无力支付律师费用的人；还包括符合法律规定条件的外国人和法人。在刑事诉讼中，盲、聋、哑、未成年和可能被判处死刑，但没有聘请辩护律师的犯罪嫌疑人、被告人，或者公诉人出庭公诉的案件被告人因经济困难或者其他原因没有辩护人的，均可获得法律援助。法律援助的方式包括提供法律咨询，代拟法律文书，刑事辩护，刑事、民事、行政代理，非诉讼法律事务代理，公证及其他形式的法律服务。总之，经济困难的村民可以向有关部门申请法律援助，保护自己的权益不受侵犯。

第九单元

村级民主监督工作的领导

法律和中央政策

村委会组织法

第三条　中国共产党在农村的基层组织，按照中国共产党章程进行工作，发挥领导核心作用；依照宪法和法律，支持和保障村民开展自治活动、直接行使民主权利。

第四条　乡、民族乡、镇的人民政府对村民委员会的工作给予指导、支持和帮助，但是不得干预依法属于村民自治范围内的事项。

村民委员会协助乡、民族乡、镇的人民政府开展工作。

中共中央办公厅、国务院办公厅关于健全和完善村务公开和民主管理制度的意见(中办发[2004]17号)

明确县乡党委和政府的责任。健全和完善村务公开和民主管理制度，县、乡党委和政府是关键。要建立党政领导责任制，把村务公开和民主管理作为基层干部政绩考核的重要内容，并不断完善考核评价办法。要加大督促检查力度，及时受理群众来信、来访和申诉，及时化解社会矛盾，维护农村稳定。要加大培训力度，加强对新任村组干部、农村财会人员、民主理财小组成员和村民代表的培训，提高他们的政策水平和依法办事能力，使他们善于用说服的方法、示范的方法、服务的方法推动农村工作。要切实加强农村精神文明建设和思想政治工作。积极引导农民群众参与村务公开和民主管理的实践活动，在实践中学会正确行使民主权利。坚决制止利用宗派、宗族势力干预基层经济社会事务管理的行为。

充分发挥农村基层党组织的领导核心作用。要健全村党组织领导的充满活力的村民自治机制，把坚持党的领导、充分发扬民主、切实依法办事有机统一于农村社会主义民主实践之中。村党组织要领导和支持农民群众依法参与村级事务管理，监督村务公开和民主管理制度的落实，及时听取群众的意见，不断完善制度、改进工作。农村党员特别是党员干部要发挥先锋模范作用，尊重农民群众的民主权利，带头执行村务公开和民主管理制度。村民委员会、村集体经济组织和其他村级组织要在村党组织领导下，团结广大农民群众，齐心协力做好村务公开和民主管理工作，促进农村各项事业全面发展。

小故事： 荷园镇莲塘坞是位于我国华东地区的一个临海村庄，村里土地不多，20世纪80年代以来发展起来的水产养殖为村民提供了大部分收入。村集体则利用村民上缴的资金规划村庄，整修道路，修建自来水，翻修学校，几年来村容村貌焕然一新，村干部逐渐得到了村民的信任。税费改革以后，农业税收大大减少，村党支部和村民委员会开始因财务开支、人员使用等问题产生矛盾。此后，村党支部以加强对村民委员会的民主监督为名，要求村财务开支要由支部书记签字，要求提交村民会议或村民代表会议的提案必须先由党员会议讨论同意，要求村民委员会对党支部负责，定期向党支部报告工作情况。村民委员会对此提出自己的意见，认为这是借口党的领导来包办代替村民自治，他们认为村财务是村里的村务，不是党的财务，村民委员会不会干涉党费的使用，凭什么党支部干涉村财务事宜？向村民会议或者村民代表会议提出的议案是涉及全体村民利益的事项，不属于党的事务，为什么要党员会议同意？村民委员会是全体村民选举产生的，不是党员选举出来的，对全体村民负责，为什么对党支部负责，向村支部报告工作不是也很荒谬吗？村民委员会将这种情况向县民政局和镇党委、政府进行了汇报，要求上级党委、政府纠正村党支部的错误做法。

想一想： 村党组织对村民自治的领导以及乡镇人民政府对村民自治的指导，这是法律规定的，是毫无疑义的。但是在实际工作中，村党组织怎样领导、乡镇人民政府如何指导村民自治，也就是说具体的领导方式、指导方法往往存在很多争议之处，那么，在民主监督中村党组织的领导方式、乡镇人民政府的指导方式应该如何呢？

一、村级党组织如何加强对民主监督工作的领导？

答：村级党组织要加强对民主监督工作的领导，必须做到以下几点：

1.加强党内民主建设，以党内民主建设促进村级民主，尤其是民主监督的深入发展。发扬党内民主，扩大群众参与，建立和完善村党组织民主选举、决策与监督机制，是增强村党组织威信、充分发挥其领导核心作用的必由之路。要全力推行“两推一选”，根据民意以民主机制选拔村党组织领导班子；要建立健全党员大会、党员议事会等党内民主决策机构，对党内重大事务实行民主决策；要建立村党组织对党员大会定期报告制度，党内重大事务及时向党员通报，保证党员的知情权与参与权；要建立党员、村民群众对村党组织成员的民主评议制度，并将评议结果作为党员干部任用的重要标准。从而形成党内民主与村民自治的良性互动，以党内民主促进村民自治的发展，以党内民主监督不断推动村级民主监督的深入。

2.加强“两委”联席会议建设，建构“两委”协调运行机制，通过联席会议强化对民主监督的领导。村党组织必须将自己的活动纳入依法治村的法制轨道，支持和保障村民委员会依法开展村民自治工作，同时村民委员会要尊重和自觉接受村党组织的领导，以法律法规和中央政策为基础，理顺村党组织和村民委员会之间的关系。要对村党组织和村民委员会在村务管理工作中各自的地位、职权、责任等作出明确、具体的规定，以规范其在村务管理中的行为，尤其是要健全和完善“两委”联席会议制度，并以此来解决“两委”成员间的矛盾纠纷，协调“两委”成员间的关系，建立健全“两委”健康协调的运行机制，为“两委”协调统一、共同努力搞好村务管理和民主监督工作奠定基础。

3.加强村级规章制度建设，通过规章约束村务管理的过程和结果，强化村级民主监督工作。村党组织在民主监督的领导中，一项重要职责是要带领村民委员会、村集体经济组织和其他村级组织，在全面学习领会党和国家方针政策、法律法规精神的基础上，根据本村实际情况，听取村民群众的意见，制定本村的村民自治章程、村规民约以及各项规章制度，如村民会议制度、村民代表会议制度、村财务管理制度、村“两委”联席会议制度、村务公开制度、民主评议村干部制度等，通过这些制度制约村干部的行为，使得村务管理按照既定程序运行，以制度来强化民主监督的顺利实施。

4.加强对村民的宣传教育，通过动员村民参与村

村民主理财小组向村党组织和村民委员会通报财务检查中的问题

务管理过程，强化村级民主监督工作。村党组织要主动承担法律法规和有关政策的宣传工作，将之作为自己工作的重要内容之一，协同村民委员会制定具体的宣传方案，采取群众喜闻乐见的宣传形式，将有关民主监督的法律法规和有关政策宣传到千家万户。通过对村民的宣传教育，教育干部树立正确的权力观和价值观，增强民主观念和服务意识，教育村民树立民主法制和权利义务意识，提高他们的民主政治素质和民主参与能力。同时村党组织要以实际行动支持和保障村民行使其知情权、参与权和决策权，通过动员村民群众参与村务管理和决策，来强化民主监督工作。

二、乡镇党委、政府如何加强对民主监督工作的领导与指导？

答：乡镇党委、政府要加强对民主监督工作的领导与指导，必须做好以下几项工作：

1.乡镇党委、政府要将民主监督工作摆上重要位置。乡镇党委、政府负有领导村党组织工作和指导村急，真正把村民群众关心的内容作为民主监督的重点。与此同时，乡镇党委、政府对辖区内的村民委员民委员会工作的双重责任。作为国家的基层政权，乡镇直接面对农民群众，应扮演民主监督推行者的角色，其工作重心是贯彻执行国家法律法规和党的政策，领导和指导本地区的工作。在实际工作中，乡镇党委、镇政府应该根据当地的实际情况，在调查研究的基础上，对本地区的民主监督工作进行统一部署，制定统一的可操作的方式方法，提出统一的标准和要求，做好各部门间的协调工作，保证国家政令的一致与连贯以及各方行动的相互配合与协调，尤其是乡镇党委、政府要做好专门分工负责村级监督工作的领导，相关部门之间的协调示范活动，加强督促检查。部门之间的

2.加强宣传教育，培育村民民主监督意识。村民民主监督的基本目的是让村民群众有效参与到本村的民主决策和民主管理中来，通过村民对村务管理的广泛参与，培养村民的民主意识，提高村民合法行使自己的民主权利的能力，并以此制约村干部的行为，真正实现村民当家作主。群众参与是民主监督的基础性工作。为此，乡镇党委、政府要加强民主监督制度政策的宣传教育，加强对村干部和广大村民的民主法制教育，引导他们依法参与民主决策和民主管理，依法行使民主权利。要制定具体可行的宣传工作方案，利用各种可能的宣传形式和宣传工具，广泛宣传民主监督工作的意义，动员村民积极参与其中，搞好本村的民主监督工作。

3.深入调查研究，强化分类指导和督促检查。乡镇党委、政府要真正把民主监督工作做好，就必须深入到农村实际中去调查研究，经常深入下去，到一个个村庄，了解有关民主监督情况，调查村民民主监督的真实想法，想他们之所想、急他们之所

急，真正把村民群众关心的内容作为民主监督的重点。与此同时，乡镇党委、政府对辖区内的村民委员会状况要心中有数，尤其是做好“重点村”、“难点村”和“空白村”的工作，加强对不同类型村庄的分类指导，使不同类型的村都能按照法律的要求实行民主监督。乡镇党委、政府还要加强监督检查的力度，要对村级民主监督情况进行经常性的监督检查，根据干部的岗位责任、目标管理对其进行年度统一考核，按照干部政绩，尤其是将民主监督评议情况和年终奖惩结合起来，形成具体的奖惩措施，将考核结果要记入个人档案，并以适当方式向社会公布，从而形成民主监督的良性运行机制。

4.加强对村干部的培训指导，提高村干部的民主素养。民主监督涉及多方面的内容，尤其是村务公开工作是一项很细致的、业务性很强的工作，要求村民群众和村务管理人员，特别是村财会人员，应具备一定的文化素质和业务知识水平。因此，地方各级党委、政府应抓好对村干部的培训工作，提高他们各方面的素质。乡镇党委、政府要结合本地区的实际情况，有计划、有步骤地搞好培训工作，教会村干部怎样做好民主监督工作，乡镇党委、政府对民主监督工作有哪些要求，应该注意什么问题等。通过培训，提高村干部的思想认识，学会接受村民监督的方式方法，从而搞好本村的民主监督工作。同时通过培训也可以提高村干部各方面的民主素质，加强村干部管理村级事务的能力，培养出一支高素质懂管理的农村村务管理人员队伍。

5.及时受理村民的信访、投诉和举报。村民的信访、投诉和举报是村民对村级组织及其成员以及各级政府及其职能部门工作人员实施监督的一种重要形式。村民在发现村务管理中存在的问题，或在村务管理中受到不公正的待遇时首先会想到去乡镇进行信访、投诉和举报，应该说这是村民对乡镇党委、政府的信任。因此，乡镇党委、政府在接到村民的信访、投诉和举报后，要及时登记受理，并根据村民举报的情况，及时采取相应的措施。可以及时委派有关人员进行调查核实，对违法乱纪的要严肃处理；对在调查中发现问题突出的，要及时向上级党委、政府报告，以便采取有力措施解决问题，将问题缓解或化解在基层，防止大规模群体事件的发生。

附录

附录1

中华人民共和国村民委员会组织法

(1998年11月4日第九届全国人民代表大会常务委员会第五次会议通过)

第一条 为了保障农村村民实行自治，由村民群众依法办理自己的事情，发展农村基层民主，促进农村社会主义物质文明和精神文明建设，根据宪法，制定本法。

第二条 村民委员会是村民自我管理、自我教育、自我服务的基层群众性自治组织，实行民主选举、民主决策、民主管理、民主监督。

村民委员会办理本村的公共事务和公益事业，调解民间纠纷，协助维护社会治安，向人民政府反映村民的意见、要求和提出建议。

第三条 中国共产党在农村的基层组织，按照中国共产党章程进行工作，发挥领导核心作用；依照宪法和法律，支持和保障村民开展自治活动、直接行使民主权利。

第四条 乡、民族乡、镇的人民政府对村民委员会的工作给予指导、支持和帮助，但是不得干预依法属于村民自治范围内的事项。

村民委员会协助乡、民族乡、镇的人民政府开展工作。

第五条 村民委员会应当支持和组织村民依法发展各种形式的合作经济和其他经济，承担本村生产的服务和协调工作，促进农村生产建设和社会主义市场经济的发展。

村民委员会应当尊重集体经济组织依法独立进行经济活动的自主权，维护以家庭承包经营为基础、统分结合的双层经营体制，保障集体经济组织和村民、承包经营户、联户或者合伙的合法的财产权和其他合法的权利和利益。

村民委员会依照法律规定，管理本村属于村农民集体所有的土地和其他财产，教育村民合理利用自然资源，保护和改善生态环境。

第六条 村民委员会应当宣传宪法、法律、法规和国家的政策，教育和推动村民履行法律规定的义务，爱护公共财产，维护村民的合法的权利和利益，发展文化教育，普及科技知识，促进村和村之间的团结、互助，开展多种形式的社会主义精神文明建设活动。

第七条 多民族村民居住的村，村民委员会应当教育和引导村民加强民族团结、互相尊重、互相帮助。

第八条 村民委员会根据村民居住状况、人口多少，按照便于群众自治的原则设立。

村民委员会的设立、撤销、范围调整，由乡、民族乡、镇的人民政府提出，经村民会议讨论同意后，报县级人民政府批准。

第九条 村民委员会由主任、副主任和委员共三至七人组成。

村民委员会成员中，妇女应当有适当的名额，多民族村民居住的村应当有人数较少的民族的成员。

村民委员会成员不脱离生产，根据情况，可以给予适当补贴。

第十条 村民委员会可以按照村民居住状况分设若干村民小组，小组长由村民小组会议推选。

第十一条 村民委员会主任、副主任和委员，由村民直接选举产生。任何组织或者个人不得指定、委派或者撤换村民委员会成员。

村民委员会每届任期三年，届满应当及时举行换届选举。村民委员会成员可以连选连任。

第十二条 年满十八周岁的村民，不分民族、种族、性别、职业、家庭出身、宗教信仰、教育程度、财产状况、居住期限，都有选举权和被选举权；但是，依照法律被剥夺政治权利的人除外。

有选举权和被选举权的村民名单，应当在选举日的二十日以前公布。

第十三条 村民委员会的选举，由村民选举委员会主持。村民选举委员会成员由村民会议或者各村民小组推选产生。

第十四条 选举村民委员会，由本村有选举权的村民直接提名候选人。候选人的名额应当多于应选名额。

选举村民委员会，有选举权的村民的过半数投票，选举有效；候选人获得参加投票的村民的过半数的选票，始得当选。

选举实行无记名投票、公开计票的方法，选举结果应当当场公布。选举时，设立秘密写票处。

具体法由省、自治区、直辖市的人民代表大会常务委员会规定。

第十五条 以威胁、贿赂、伪造选票等不正当手段，妨害村民行使选举权、被选举权，破坏村民委员会选举的，村民有权向乡、民族乡、镇的人民代表大会和人民政府或者县级人民代表大会常务委员会和人民政府及其有关主管部门举报，有关机关应当负责调查并依法处理。以威胁、贿赂、伪造选票等不正当手段当选的，其当选无效。

第十六条 本村五分之一以上有选举权的村民联名，可以要求罢免村民委员会成员。罢免要求应当提出罢免理由。被提出罢免的村民委员会成员有权提出申辩意见。村民委员会应当及时召开村民会议，投票表决罢免要求。罢免村民委员会成员须经有选举权的村民过半数通过。

第十七条 村民会议由本村十八周岁以上的村民组成。

召开村民会议，应当有本村十八周岁以上村民的过半数参加，或者有本村三分之二以上的户的代表参加，所作决定应当经到会人员的过半数通过。必要的时候，可以邀请驻在本村的企事业单位和群众组织派代表列席村民会议。

第十八条 村民委员会向村民会议负责并报告工作。村民会议每年审议村民委员会的工作报告，并评议村民委员会成员的工作。

村民会议由村民委员会召集。有十分之一以上的村民提议，应当召集村民会议。

第十九条 涉及村民利益的下列事项，村民委员会必须提请村民会议讨论决定，方可办理：

（一）乡统筹的收缴方法，村提留的收缴及使用；

（二）本村享受误工补贴的人数及补贴标准；

（三）从村集体经济所得收益的使用；

（四）村办学校、村建道路等村公益事业的经费筹集方案；

（五）村集体经济项目的立项、承包方案及村公益事业的建设承包方案；

（六）村民的承包经营方案；

（七）宅基地的使用方案；

（八）村民会议认为应当由村民会议讨论决定的涉及村民利益的其他事项。

第二十条 村民会议可以制定和修改村民自治章程、村规民约，并报乡、民族乡、镇的人民政府备案。

村民自治章程、村规民约以及村民会议或者村民代表讨论决定的事项不得与宪法、法律、法规和国家的政策相抵触，不得有侵犯村民的人身权利、民主权利和合法财产权利的内容。

第二十一条 人数较多或者居住分散的村，可以推选产生村民代表，由村民委员会召集村民代表开会，讨论决定村民会议授权的事项。村民代表由村民按每五户至十五户推选一人，或者由各村民小组推选若干人。

第二十二条 村民委员会实行村务公开制度。

村民委员会应当及时公布下列事项，其中涉及财务的事项至少每六个月公布一次，接受村民的监督：

（一）本法第十九条规定的由村民会议讨论决定的事项及其实施情况；

（二）国家计划生育政策的落实方案；

（三）救灾救济款物的发放情况；

（四）水电费的收缴以及涉及本村村民利益、村民普遍关心的其他事项。

村民委员会应当保证公布内容的真实性，并接受村民的查询。

村民委员会不及时公布应当公布的事项或者公布的事项不真实的，村民有权向乡、民族乡、镇人民政府或者县级人民政府及其有关主管部门反映，有关政府机关应当负责调查核实，责令公布；经查证确有违法行为的，有关人员应当依法承担责任。

第二十三条 村民委员会及其成员应当遵守宪法、法律、法规和国家的政策，办事公道，廉洁奉公，热心为村民服务。

第二十四条 村民委员会决定问题，采取少数服从多数的原则。

村民委员会进行工作，应当坚持群众路线，充分发扬民主，认真听取不同意见，坚持说服教育，不得强迫命令，不得打击报复。

第二十五条 村民委员会根据需要设人民调解、治安保卫、公共卫生等委员会。村民委员会成员可以兼任下属委员会的成员。人口少的村的村民委员会可以不设下属委员会，由村民委员会成员分工负责人民调解、治安保卫、公共卫生等工作。

第二十六条 村民委员会应当协助有关部门，对被依法剥夺政治权利的村民进行教育、帮助和监督。

第二十七条 驻在农村的机关、团体、部队、全民所有制企业、事业单位的人员不参加村民委员会组织，不属于村办的集体所有制单位的人员可以不参加村民委员会组织。但是，他们都应当遵守有关村规民约。所在地的村民委员会、村民会议或者村民代表讨论和处理同这些单位有关的问题，应当与他们协商解决。

第二十八条 地方各级人民代表大会和县级以上地方各级人民代表大会常务委员会在本行政区域内保证本法的实施，保障村民依法行使自治权利。

第二十九条 省、自治区、直辖市的人民代表大会常务委员会可以根据本法，结合本行政区域的实际情况，制定实施办法。

第三十条 本法自公布之日起施行。《中华人民共和国村民委员会组织法(试行)》同时废止。

附录2

中共中央办公厅、国务院办公厅关于在农村普遍实行村务公开和民主管理制度的通知

（中办发［1998］9号）

为了贯彻落实党的十五大关于扩大基层民主，保证人民群众直接行使民主权利的精神，推进农村基层民主建设，密切党群干群关系，促进农村的改革、发展和稳定，中央认为，有必要在全国农村普遍实行村务公开和民主管理制度。为此，特通知如下：

一、重要意义和指导思想

党的十五大指出，发展社会主义民主政治，是我们党始终不渝的奋斗目标。扩大基层民主，保证人民群众直接行使民主权利，依法实行民主管理，是健全社会主义民主制度的重要内容。农民是我们党在农村的依靠力量，也是我们国家政权最广泛、最深厚的群众基础。保护和发挥农民的积极性，历来是我们党取得革命和建设胜利的重要保证，也是推进社会主义现代化建设事业顺利进行的必要条件。实行村务公开和民主管理，使农村工作逐步走上规范化和制度化的轨道，有利于发展农村基层民主，活跃农村基层民主生活，保障农民群众直接行使民主权利，进一步扩大人民民主；有利于充分调动广大农民群众建设社会主义现代化的积极性和创造性；有利于加强农村基层组织和党风廉政建设，强化党员和群众对干部的监督，密切党群干群关系；有利于引导农村干部依法建制、以制治村，正确执行党的群众路线和党的政策，按章办事，做好工作。

实行村务公开和民主管理的指导思想是：以邓小平理论和党的基本路线为指导，正确贯彻落实党在农村的各项方针政策，以推行村务公开为基础，坚持实行民主选举、民主决策、民主管理和民主监督，推进农村的民主、法制建设，促进农村的改革、发展和稳定，推动农业、农村经济与农村社会的全面发展和进步。

二、村务公开的内容和方法

村务公开要从农民群众普遍关心的和涉及群众切身利益的实际问题入手，凡属群众关心的热点问题，以及村里的重大问题都应向村民公开。如新上的经济项目，村里的财产和财务收支，征用土地和宅基地审批，计划生育指标，提留统筹方案及其他农民负担(包括劳动积累工和义务工)，集体土地和经营实体的承包，救灾救济款物的发放，村干部年度工作目标、工资奖金和功绩过失情况及其他公共事务，等等。要随着形势的发展变化和村民的要求，及时调整、充实村务公开的内容，真正做到凡涉及群众切身利益的大事，都以一定形式向村民公开，接受群众的监督。

村务公开的重点是财务公开。村级财务公开的内容，主要包括财务计划及其执行情况、各项收入和支出、各项财产、债权债务、收益分配、代收代缴费用、水电费、以资代劳情况以及群众要求公开的其他财务事项。村集体经济组织要认真执行各项财务制度。

公开的内容要简洁明了，便于群众了解。公开的形式和方法可以根据实际情况因地制宜、灵活多样，如采用张榜公布，有线广播，召集村民会议或村民代表会议等方式。各村都应在本村适当的地方，建立专门的公开栏，进行张榜公布。

公开的时间要及时。需要公开的事项要尽早向村民公开，也可以采取定期公开的形式。一般一个月或两个月一次，至多不得超过三个月。有些时限较长的事项，可以每完成一个阶段，即公布一次进展情况。每一件较大事项完成之后，要及时向群众公布结果。

要善于运用村务公开这种有效形式，切实加强民主监督。村务公开的目的是：让群众参与管理和监督村里的公共事务和公益事业。每一次村务公开后，党支部和村民委员会要及时召开党员大会、村民会议或村民代表会议，广泛听取群众的反映和意见。对群众提出的疑问，要及时作出解释；对群众提出的要求，要及时予以答复；对大多数群众不赞成的事情，应坚决予以纠正。要真正让村民参与公共事务的管理，实行有效的民主监督，不走过场，不搞形式主义。

三、民主管理的基本要求

实行民主管理，首先要坚持和完善村民会议或村民代表会议制度。人口少且居住集中的村，应定期召开村民会议；人口多且居住分散的村，可定期召开村民代表会议。要明确规定村民代表会议的人员组成及其条件、职责、权利，制定议事内容和议事规则，确定活动方式、活动程序和活动时间，并按规定严格执行。

要按照国家法律、法规和政策，结合本地实际，明确规定民主议事的内容，凡属村务管理的重大事项以及农民关注的热点、难点问题的处理，都应先召集党员大会讨论，再分别提交村民会议或村民代表会议讨论，征求党内外群众意见，按大多数人的意见实行民主决策，坚决纠正不顾群众意愿而由几个干部自行其是的做法。

要切实加强群众对村干部的民主监督。村民委员会班子及其成员的工作，都要由村民会议或村民代表会议进行民主评议或民主测评。对于党支部班子及其成员，应由村支部党员大会并吸收部分村民代表进行民主评议。评议或测评可结合年终工作总结每年进行一次。评议中，村党支部班子成员和村民委员会班子成员都要作述职报告，在此基础上，由评议者评出称职或不称职，由乡镇党委考核认定。两年被评为不称职的村党支部班子成员和村民委员会班子成员，要进行组织调整。

村党支部、村民委员会以及其他需要选举产生的村级组织负责人，要根据国家有关法律以及党内法规的规定，按期实行民主选举。未经县(市、区)委批准，无故拖延选举的，要追究乡镇党委和村党支部、村民委员会主要负责人的责任。在选举中，要做到候选人条件、选举程序、选举办法、选举结果公开，充分发扬党内民主和人民民主，尊重选民意志，任何人不得指定选举某人或不选举某人，任何人不得以不正当方式拉选票。要坚决杜绝各种“贿选”行为的发生，一经发现，要严肃查处。

四、建立健全规章制度

建立健全村务公开和民主管理制度，实现村务公开和民主管理的规范化、制度化，使工作有序，办事有据，真正做到“有章理事”，这是做好农村工作的治本之策，也是使村干部适应新形势的需要、切实改进工作方法的重要措施。因此，要以法律、法规和政策为依据，以实际、实用、实效为原则，建立健全村民会议、村民代表会议和党员议事会制度；村党支部、村民委员会按期换届选举制度；村党支部、村民委员会年终总结报告制度；民主评议党员、干部制度；财务管理、财务审计制度；财务公开、财务监督制度；村干部任期、离任审计制度，等等。总之，凡是需要公开的村务工作和被列入民主管理范围的工作，都要依法建制，有制可依，按制办事。

各项制度建立以后，要严格按制度办事，不得随意更改，更不允许违反制度规定。为此，各地可根据实际情况，建立村务公开、民主管理的监督评议组织并授予必要的监督权和评议权，定期或不定期地对有关村务公开和民主管理的各项制度的执行情况进行评议，评议结果要张榜公布。需要改进的，党支部和村民委员会应及时提出改进意见，公布于众并认真执行。

五、加强领导和督促检查

各级党委和政府要从农村改革、发展和稳定的大局出发，把实行村务公开和民主管理作为农村工作的一项重要任务和农村基层组织建设的一项重要内容，列入重要议事日程，加强领导，精心部署，采取得力措施，帮助和指导村级组织把有关制度健全起来，并经常检查督促各项制度的贯彻落实。各乡镇要制定规划，搞好试点，总结推广好的经验，实行分类指导，逐步完善。要将村务公开和民主管理纳入乡村干部岗位目标责任制，把责任制度的执行情况，作为考核村干部政绩的重要内容，并将考核结果记入个人档案，作为评选先进和奖惩的依据。

村务公开和民主管理工作，由组织、民政部门牵头，纪检监察、人事、农业等有关部门积极配合，各司其职，各负其责，齐抓共管，使村务公开和民主管理有计划、有步骤地全面推开。已实行村务公开和民主管理制度的，要完善、充实、巩固、提高；没有建立的，要尽快建立起来，并长期坚持下去。

要采取多种措施，加强推行村务公开和民主管理的宣传教育工作，使乡村干部增强民主意识和法制观念，树立群众观点，澄清各种疑虑和模糊认识，提高自觉性，增强主动性，认真负责地搞好这项工作。要总结推广这方面的成功经验，运用典型引路的方法，分类指导，全面推开，不断完善。要把发扬民主同依法办事统一起来，既要保证农民群众依法享有广泛的民主权利，又要加强民主法制教育，引导他们在实践中学会正确行使民主权利。要防止宗族势力和非法宗教活动干扰农村基层民主的健康发展。

要在推行村务公开和民主管理的同时，积极探索在乡镇机关建立政务公开的途径，先行试点，培植典型，逐步推广，要以乡镇机关的政务公开，促进村务公开和民主管理的广泛深入开展。

各地可根据本通知精神，结合实际，制订具体实施办法。

附录3

中共中央办公厅、国务院办公厅关于健全和完善村务公开和民主管理制度的意见

(中办发[2004]17号)

《中共中央办公厅、国务院办公厅关于在农村普遍实行村务公开和民主管理制度的通知》(中办发[1998]9号)下发和《中华人民共和国村民委员会组织法》施行以来，全国农村普遍实行了村务公开和民主管理制度，为促进农村改革、发展和稳定发挥了重要作用。为认真贯彻落实党的十六大提出的“健全基层自治组织和民主管理制度，完善公开办事制度，保证人民群众依法直接行使民主权利，管理基层公共事务和公益事业，对干部实行民主监督”的要求，适应农村发展的新形势，进一步推进农村社会主义物质文明、政治文明、精神文明协调发展，经党中央、国务院同意，现就健全和完善村务公开和民主管理制度提出如下意见。

一、充分认识进一步做好村务公开和民主管理工作的重大意义

当前，我国正处在全面建设小康社会、加快推进社会主义现代化的新的发展阶段，农村改革、发展和稳定的任务十分繁重。实行村务公开和民主管理，是实践“三个代表”重要思想，维护农民群众根本利益的具体体现；是完善村民自治，发展社会主义民主的重要内容；是顺利推进农村改革和发展，加快农村全面建设小康社会进程的必然要求；是促进农村党风廉政建设，密切党群干群关系的有效途径。近年来，全国各地推行村务公开和民主管理取得了积极成果，但我们也应清醒地看到，一些地方在村务公开和民主管理中还存在着重形式、轻实效，制度不健全、决策不民主等问题。这与农村改革发展稳定的新形势新任务不相适应，在一定程度上影响了农村经济和社会的发展。为了把党在农村的各项政策落到实处，切实解决好“三农”问题，必须进一步健全和完善村务公开和民主管理制度，扎实推进村务公开和民

主管理工作。各级党委和政府要以邓小平理论和“三个代表”重要思想为指导，增强推进村务公开和民主管理的自觉性和紧迫感，真正把这一关系亿万农民切身利益的大事抓紧抓好、抓出成效，实现好、维护好、发展好广大农民群众的根本利益。

二、进一步健全村务公开制度，保障农民群众的知情权

(一)完善村务公开的内容。国家有关法律法规和政策明确要求公开的事项，如计划生育政策落实、救灾救济款物发放、宅基地使用、村集体经济所得收益使用、村干部报酬等，应继续坚持公开。要继续把财务公开作为村务公开的重点，所有收支必须逐项逐笔公布明细账目，让群众了解、监督村集体资产和财务收支情况。同时，要根据农村改革发展的新形势、新情况，及时丰富和拓展村务公开内容。当前，要将土地征用补偿及分配、农村机动地和“四荒地”发包、村集体债权债务、税费改革和农业税减免政策、村内“一事一议”筹资筹劳、新型农村合作医疗、种粮直接补贴、退耕还林还草款物兑现，以及国家其他补贴农民、资助村集体的政策落实情况，及时纳入村务公开的内容。农民群众要求公开的其他事项，也应公开。

(二)规范村务公开的形式、时间和基本程序。各地农村应坚持实际、实用、实效的原则，在便于群众观看的地方设立固定的村务公开栏，同时还可以通过广播、电视、网络、“明白纸”、民主听证会等其他有效形式公开。一般的村务事项至少每季度公开一次，涉及农民利益的重大问题以及群众关心的事项要及时公开。集体财务往来较多的村，财务收支情况应每月公布一次。要推进村务事项从办理结果的公开，向事前、事中、事后全过程公开延伸。要充分利用现代科学技术，不断创新村务公开的有效形式和手段。村务公开的基本程序是：村民委员会根据本村的实际情况，依照法规和政策的有关要求提出公开的具体方案；村务公开监督小组对方案进行审查、补充、完善后，提交村党组织和村民委员会联席会议讨论确定；村民委员会通过村务公开栏等形式及时公布。

(三)设立村务公开监督小组。村务公开监督小组成员经村民会议

或村民代表会议在村民代表中推选产生，负责监督村务公开制度的落实。村干部及其配偶、直系亲属不得担任村务公开监督小组成员。村务公开监督小组及其成员应当热爱集体，公道正派，有一定的议事能力，其中应有具备财会知识的成员。村务公开监督小组要依法履行职责，认真审查村务公开各项内容是否全面、真实，公开时间是否及时，公开形式是否科学，公开程序是否规范，并及时向村民会议或村民代表会议报告监督情况。对不履行职责的成员，村民会议或村民代表会议有权罢免其资格。

(四)听取和处理群众意见。群众对公布的内容有疑问的，可以口头或书面形式向村务公开监督小组投诉，村务公开监督小组对群众反映的问题应当及时进行调查，确有内容遗漏或者不真实的，应督促村民委员会重新公布；也可以直接向村党组织、村民委员会询问，村民委员会应在10日内予以解释和答复。村民委员会要对村务公开资料进行整理归档并妥善保管。

三、进一步规范民主决策机制，保障农民群众的决策权

(一)推进村级事务民主决策。凡是与农民群众切身利益密切相关的事项，如村集体的土地承包和租赁、集体企业改制、集体举债、集体资产处置、村干部报酬、村公益事业的经费筹集方案和建设承包方案等，都要实行民主决策，不能由个人或少数人决定。村民委员会的设立、撤并、范围调整，由乡级人民政府提出意见后，必须经村民会议讨论同意，并报县级人民政府批准。集体经济已实行股份制或股份合作制改革的村，要按照改革后的有关要求进行民主决策和民主监督。村级民主决策的事项要符合党的方针政策和国家法律法规，不得有侵犯村民人身权利、民主权利和合法财产权利的内容。

(二)明确村级民主决策的形式。村级民主决策的基本组织形式是村民会议和村民代表会议。召开村民会议，应当有本村18周岁以上村民的过半数参加，或者有本村三分之二以上的户的代表参加，所作决定应当经到会人员的过半数通过。涉及农村土地承包、调整等重大事项，应依照《中华人民共和国农村土地承包法》等相关法律法规进行民

主决策。村民代表会议讨论决定村民会议授权的事项。村民代表由村民依法推选产生，妇女代表要占一定比例。要完善村民会议和村民代表会议议事规则，建立健全村民代表联系户制度，确保村民代表真正代表民意。认真研究和探索村庄撤并、外出务工经商人员不断增多情况下村级民主决策的有效形式。

(三)规范村级民主决策的程序。涉及村民利益的事项，原则上要遵循以下决策程序：由村党组织、村民委员会、村集体经济组织、十分之一以上村民联名或五分之一以上村民代表联名提出议案；由村党组织统一受理议案，并召集村党组织和村民委员会联席会议，研究提出具体意见或建议；由村民委员会召集村民会议或村民代表会议讨论决定；由村党组织、村民委员会组织实施村民民主决策事项的办理。对提交村民会议或村民代表会议讨论决定的事项，会前要向村民或村民代表公告，广泛征求意见；会后要及时公布表决结果；对决定事项的实施情况，要及时公布，自觉接受群众监督。涉及村民利益的重大事项，必须按照决策程序提请村民会议或村民代表会议讨论决定。

(四)建立决策责任追究制度。除发生自然灾害等紧急情况外，村民会议或村民代表会议依法形成的决议不得随意更改，如因情况发生变化确需更改的，要通过村民会议或村民代表会议讨论决定。村民会议或村民代表会议讨论决定的事项，要形成书面记录并妥善保存。未经村民会议或村民代表会议讨论决定，任何组织或个人擅自以集体名义借贷，变更与处置村集体的土地、企业、设备、设施等，均为无效，村民有权拒绝，造成的损失由责任人承担，构成违纪的给予党纪政纪处分，涉嫌犯罪的移交司法机关依法处理。

四、进一步完善民主管理制度，保障农民群众的参与权

(一)推进村级事务民主管理。村党组织、村民委员会要依据党的方针政策和国家的法律法规，组织全体村民结合实际讨论制定和完善村民自治章程、村规民约、村民会议和村民代表会议议事规则、财务管理制度等，明确规定村干部的职责、村民的权利和义务，村级各类组织的职责、工作程序及相互关系，明确提出对经济管理、社会治

安、移风易俗、计划生育等方面的要求。用制度规范村干部和村民行为，增强村民自我管理、自我教育、自我服务的能力，增强干部群众的法制观念和依法办事能力。

(二)建立村民委员会换届后的工作移交制度。村民委员会换届工作结束后，原村民委员会应将公章、办公场所、办公用具、集体财务账目、固定资产、工作档案、债权债务及其他遗留问题等，及时移交给新一届村民委员会。移交工作由乡级人民政府负责主持。对拒绝移交或无故拖延移交的，村党组织、乡级党委和政府应给予批评教育，督促其加以改正。移交过程中发现有重大问题的，村干部和村民可以向乡级人民政府或者纪检监察机关、人民法院、人民检察院等有关机关反映，受理单位应及时依法处理。

(三)加强村民民主理财制度建设。村民民主理财由村民民主理财小组代表村民进行，民主理财小组成员由村民会议或村民代表会议从村务公开监督小组成员中推选产生。民主理财小组向村民会议或村民代表会议负责并报告工作。民主理财小组负责对本村集体财务活动进行民主监督，参与制定本村集体的财务计划和各项财务管理制度，有权检查、审核财务账目及相关的经济活动事项，有权否决不合理开支。当事人对否决有异议的，可提交村民会议或村民代表会议讨论决定。村民有权对本村集体的财务账目提出质疑，有权委托民主理财小组查阅、审核财务账目，有权要求有关当事人对财务问题作出解释。对群众反映财务问题较多的村，县、乡党委和政府及有关部门要帮助其搞好财务清理整顿工作，解决存在的问题，建立健全财务管理和民主理财制度。制定和完善集体资产监管办法，防止集体资产流失，确保村集体资产保值、增值。

(四)规范农村集体财务收支审批程序。财务事项发生时，经手人必须取得有效的原始凭证，注明用途并签字(盖章)，交民主理财小组集体审核。审核同意后，由民主理财小组组长签字(盖章)，报经村党组织、村民委员会负责人审批同意并签字(盖章)，由会计人员审核记账。经民主理财小组审核确定为不合理财务开支的事项，有关支出由责任人承担。财务流程完成后，要按照财务公开程序进行公开，接受群众监督。乡级人民政府及业务主管部门要对村级财务活动加强指导和监督。

五、进一步强化村务管理的监督制约机制，保障农民群众的监督权

(一)加强对农村集体财务的审计监督。县、乡两级农村集体资产和财务管理指导部门，要切实组织好对农村集体财务的审计监督工作。审计内容主要包括：集体资产的管理使用、财务预决算、财务收支、生产经营和建设项目的发包管理、集体的债权债务、上级划拨或接受社会捐赠的资金、物资使用等情况以及群众要求审计的其他事项。当前，要加大对集体土地征用、集体企业改制、“村改居”和并村过程中集体资产的处置、村内“一事一议”筹资筹劳、新型农村合作医疗、政府发放到村到户的各项补贴资金和物资等事项的审计力度，并将审计结果及时公布。村干部任期届满或离任时必须审计。在审计中查出侵占集体资产和资金、多吃多占、铺张浪费的，要责令其如数退赔；涉及国家工作人员及村干部违法违纪的，需要给予党纪政纪处分的，移交纪检监察机关处理；构成犯罪的，移交司法机关依法追究当事人的法律责任。农村集体经济组织、村民小组、农(畜)产品行业协会和农民专业合作组织所有的资产，也要实行财务公开，加强管理与监督。

(二)推行民主评议村干部工作制度。民主评议对象为村党组织班子成员、村民委员会班子成员、村集体经济组织班子成员、村民小组长以及享受由村民或集体承担误工补贴(工资)的其他村务管理人员。民主评议由乡级党委、政府具体组织，通过村民会议、村民代表会议或与村民座谈等形式进行。民主评议一般每年进行一次，要把群众满意与否作为衡量村干部是否合格的标准，评议结果要与村干部的使用和补贴(工资)标准直接挂钩。对连续两次被评为不合格的村干部，是村党组织成员的，按党内有关规定处理；是村民委员会班子成员或村集体经济组织班子成员的，应责令其辞职，不辞职的应启动罢免程序；其他村务管理人员，由村民委员会召开村民会议或村民代表会议

作出处理决定。

(三)建立和完善村干部的激励约束制度。要大力宣传、鼓励和表彰积极推行村务公开和民主管理的干部，切实维护和保障村干部的合法权益。对在村级重大事务决策和管理中违反程序，独断专行，以及因工作失误造成重大损失，或村务公开不及时、不全面、弄虚作假、侵犯农民民主权利的干部，村民会议或村民代表会议有权提出批评并要求限期改正；对拒不改正的，是村党组织班子成员的，按党内有关规定给予相应的党纪处分，是村民委员会班子成员的，依法予以罢免。

六、进一步加强对村务公开和民主管理工作的领导

(一)加强组织领导。各级党委和政府要以求真务实的精神，把推进村务公开和民主管理作为关系农村改革、发展和稳定的一件大事来抓，并与增加农民收入、加强农村社会主义精神文明建设和党的建设等各项工作紧密结合起来，使之相互促进、共同提高。各省(自治区、直辖市)党委和政府要及时研究分析村务公开和民主管理工作情况，提出指导性意见。县(市)党委和政府要制定具体的实施意见，常抓不懈。要把推进村务公开和民主管理作为考核评比民主法治示范村、“五个好”村党组织、“五个好”乡镇党委和农村基层组织建设先进县(市)的一项重要内容，通过严格考核，促进村务公开和民主管理制度的进一步落实。

(二)健全领导体制和工作机制。各地要建立健全党委和政府统一领导、有关部门共同参与、民政部门组织协调的领导体制和工作机制，并保证开展工作的必要人员和经费。各有关部门要在各自职责范围内支持和引导村党组织、村民委员会、村集体经济组织做好村务公开和民主管理方面的工作。共青团、妇联和计划生育协会要动员农村青年、妇女、计划生育协会会员积极参与村务公开和民主管理活动。村务公开协调机构要及时掌握工作动态，加强沟通和协调。新闻媒体要加强舆论引导和监督。要通过培育典型、示范引导、专项检查等多种形式，积极探索推进村务公开和民主管理的有效途径。

(三)明确县乡党委和政府的责任。健全和完善村务公开和民主管

理制度，县、乡党委和政府是关键。要建立党政领导责任制，把村务公开和民主管理作为基层干部政绩考核的重要内容，并不断完善考核评价办法。要加大督促检查力度，及时受理群众来信、来访和申诉，及时化解社会矛盾，维护农村稳定。要加大培训力度，加强对新任村组干部、农村财会人员、民主理财小组成员和村民代表的培训，提高他们的政策水平和依法办事能力，使他们善于用说服的方法、示范的方法、服务的方法推动农村工作。要切实加强农村精神文明建设和思想政治工作。积极引导农民群众参与村务公开和民主管理的实践活动，在实践中学会正确行使民主权利。坚决制止利用宗教、宗族、家族势力干预基层经济社会事务管理的行为。

（四）充分发挥农村基层党组织的领导核心作用。要健全村党组织领导的充满活力的村民自治机制，把坚持党的领导、充分发扬民主、切实依法办事有机统一于农村社会主义民主实践之中。村党组织要领导和支持农民群众依法参与村级事务管理，监督村务公开和民主管理制度的落实，及时听取群众的意见，不断完善制度、改进工作。农村党员特别是党员干部要发挥先锋模范作用，尊重农民群众的民主权利，带头执行村务公开和民主管理制度。村民委员会、村集体经济组织和其他村级组织要在村党组织领导下，团结广大农民群众，齐心协力做好村务公开和民主管理工作，促进农村各项事业全面发展。

资料

资料1

浙江省武义县白洋街道后陈村:

村务监督委员会

后陈村属于浙江省武义县白洋街道辖区，位于武义城郊高速公路的入口处，全村224户，900多人。因为土地被征用，土地征用补偿款的分配就成为干部清廉与否的试金石。此外，村里的沙场发包、工程承包、户籍迁移等都涉及村民切身利益，容易出现问题。2004年前，村里的财务账目不清，村民上访不断，前一任村党支部书记因此而落马，继任者一年多后又因贪污而被判刑，后陈村党支部书记人选成为令人头疼的难题。2004年1月，在街道工作过的胡文法受白洋街道党委指派回村接任党支部书记，并逐渐赢得了村民的信任。他觉得村民对干部不信任的症结在于干部做事不民主、不公开、搞暗箱操作，为己谋利，而村里的各种规定往往因为没有强有力的监督而成为摆设。

胡文法曾在企业工作过，他认为一个村就是一个股份制的经济实体，村民就是全村资产的“股东”，他们理应享有村务管理的参与权，决策权和经济的收益权。为了保证村里制度的落实，为什么不能设立一个类似股份公司的“监事会”呢？由此，他向村党支部建议，村里也设一个类似“监事会”的机构，并写入村规民约，以使其有章可循。后陈村又将此方案报告给街道党委。不久，这个想法就得到了县委的重视，因为此时县纪委正在就村务公开民主管理问题进行调研，并在调研中发现了基层干部在管理中存在的贪污、腐败、堕落等诸多问题。县委经过研究决定在后陈村进行村务公开和民主管理的试点。试点的核心便是二项制度和一个机构，即规范村干部行为的《村务管理制度》、约束村干部权力的《村务监督制度》和增设负责监督制度执行的村务监督委员会。县委派出指导组进入后陈村，他们通过走访村民很快摸清了村情民意，在现行法律、法规和政策的框架范围内，经过集思广益，很快就制定出了相关的各项制度和机构职责等相关规章。

2004年6月18日，后陈村召开村民代表会议。会议表决通过了后陈村的《村务管理制度》和《村务监督制度》，解决了监督什么和怎么监督的问题。接着推选产生了村务监督委员会，负责监督制度的落实。村务监督委员会成员产生的程序是，先由全村党员和村民代表提名，从不是村“两委”成员及其亲属的村民代表中推荐候选人，再由村民代表会议差额选举产生。村务监督委员会由主任和2位委员组成，任期3年，与村民委员会同届。

《后陈村村务监督制度》规定，监督委员会成员有权列席村“两委”会议；有权对不符合制度规定的“两委”决定提出废止建议，并提交村民代表大会表决；有权对1/3以上村民代表认为不合格的村干部向上级村务公开管理办公室或民政部门提出罢免的建议，并召集村民代表大会进行是否提交村民会议罢免表决，等等。而监督委员会最重要的也是村民最关心的权力是财务管理权，即“账前审核权”，也就是在审核村财务收支时，不仅看已有账目，而且还看账目形成前的相关决定和票据；不仅在事后进行账目审核，而且在村务管理决策形成以前就参与到决策过程中去，代表村民参与村务决策的整个过程，从而基本形成了事前、事中和事后的全过程监督机制。

武义县委在后陈村进行试点后，于2004年9月份在70个村首批推行建立村务监督委员会。2005年4月，村级组织换届选举基本结束后，进一步在全县普遍进行了村务监督委员会的选举，在全县推行村务管理监督制度。目前，全县558个村中已经有339个村成立了村务监督委员会，还有198个小村因地制宜，建立了村务监督小组。

后陈村村务管理制度

一、村集体资产管理

（一）村集体资产的保管、承包、租赁、处置的管理

村集体资产要建立健全保管责任制，落实保管责任人（由村报账

员兼任)，每年由村文书牵头清查盘点一次，做到账物相符。做好台账和档案管理工作。

村集体资产承包、租赁，必须经村“两委”集体讨论提出方案，提前3～7天公示、公告，实行公开招投标，邀请街道干部参加监督，签定规范的书面合同或协议，承包合同需经有关部门签证。租赁合同到期前一个月提交村“两委”会讨论下一轮的租赁办法。对已签定的合同需要变更内容或因不可抗力等因素引起的承包方要求减免承包款或增加工程款的，须经过“两委”会集体讨论，提交村民代表会议表决通过。

处理村集体财产，1万元以下的，村“两委”会讨论后实行公开拍卖；1万元以上的，村“两委”会讨论提出方案，经过村民代表会议讨论通过后，实行公开拍卖。

（二）村集体土地征用费分配使用的管理

因国家建设需要，村集体土地被征用，其土地补偿费和安置补助费按下列原则进行分配：用于村民的安置费为40%，如果低于40%的，需经村民代表会议通过；留村集体用于发展壮大村集体经济以及村民失地保障和养老保险等为40%，这部分资金应优先投资能保值增值项目尤其是能出租的综合楼、厂房等，保证村集体有固定的收益；用于发展村公益事业为10%；用于村务管理各项开支不超过10%。具体分配使用方案，由村“两委”集体讨论提出，提交村民代表会议讨论通过，经上级政府及有关部门批准后方可实施。

（三）村集体投资项目收益和经营利润分配的管理

村集体投资项目收益和经营利润按以下比例进行分配：用于村民分配为60%，用于发展壮大村集体经济和村公益事业为20%，用于村务管理各项开支不得超过20%。

（四）村集体建设工程投资的管理

因发展经济或公益事业需要新增投资项目，投资1万元以下的项目由村“两委”确定；投资1～5万元的项目，村“两委”会集体讨论同意后，由街道或村按有关程序组织公开招投标，择优确定承包者；投资5万元以上的项目，村“两委”会集体讨论提出方案，经村民代表会议通过后，按武政发[2002]50号文件规定，必须进县建设工程交易中心实行公开招投标。村务监督委员会实行全程监督。

建设项目必须按规定建立预决算制度、验收记录制度、单项审计制度、资料归档制度。

二、村财务管理

（一）村集体财务统一由街道农村财务委托代理服务中心代理，实行会计电算化管理

村设文书、报账员各1名，村主要干部及其直系亲属不得担任。

（二）货币资金及票据管理

1.村集体资金统一交存街道农村财务委托代理服务中心代理，并实行备用金制度，有收入及时上缴，不准坐支现金、不准挪用公款、不准公款私存、不准多头账户、不准白条抵库、不准未批先报、不准保留账外公款、不准出借给任何单位和个人或作经济担保、抵押。

2.村集体收款一律使用县农业局提供的《金华市农村集体经济组织统一收据》，统一收据只限于村经济合作社使用，不得转让和转借或代开，凡是村集体经济收款，包括各种押金、土地征用费等收入，一律填开村统一收据，纳入账内管理，不准以个人名义领取。

（三）财务收支管理

1.财务收支实行预决算制度，村集体的财务预算每年年初由村“两委”提出，经村民代表会议通过，报街道农村财务委托代理服务中心备查。年终由街道农村财务代理中心编制决算表返回本村，同时在公开栏公布。如果财务开支突破预算，需要增加开支额度，须经村“两委”研究提出，提交村民代表会议讨论通过。

2.招待费用开支必须坚持“小额、合理、真实”的原则。每年年初，根据本村村务工作及兴建项目等需要，确定招待费限额，列入村开支预算。来客到村办事，提倡就地安排就地就餐，村集体补助每人(包括陪客)15元以下；确需安排到饭店用餐，每人(包括陪客)按20元标准控制。招待费及慰问等非生产性开支，一次性开支501元以上一律由“两委”审批。如因特殊情况确需增加招待费预算额度，须经“两委”会讨论，并经村民代表会议讨论通过。

3.每笔开支必须取得合法的原始凭证，由经手人写证明开支事由，村经管会副主任核算，村经管会主任审批。审批权限生产性开支1000元以下的由村经管会主任审批，1000元至10000元的开支经村“两委”(村管会)集体研究审批，10000元以上的开支经村民代表会议研究审批。村经管会主任在审批时要注明“同意”、“经村‘两委’研究同意”、“经村民代表讨论同意”字样。还要作好会议记录备查。建设工程款在100万元以下的，经法定的专业单位审计；100万元以上的，按规定须通过工程设计审计，经村务监督委员会核审后按规定支付工程款。

4.村报账员要做到日清月结，每月向街道农村财务委托代理服务中心结报一次，结报前须经监委会审核。

（四）村干部误工补贴及通讯费补贴等的管理

1.村党支书记、村民委员会主任的误工补贴、职务岗位补贴、通讯费补贴等按街道有关文件规定执行。其他村“两委”成员及各线人员，为村工作误工均按实误实记每个工作日20元计算。实行误工考勤表，接受监督。

2.对有关岗位的人员，晚上工作按年给予一次性误工补贴：村调解员480元、村治保主任480员、村文书1680元、村报账员1680元、村妇女主任240元。

3.村务监督委员会成立岗位补贴，全年主任480元，委员360元。参加会议，参与村集体采购、工程建设、资产处置等事务按实误实记。

4.除村党支部书记、村民委员会主任按街道有关文件规定执行外，村“两委”成员及村文书、报账员的通信补贴，配有手机的，在任职期内每人每月补贴20元通信补贴费，经年终评议称职的方可兑现。

5.村“两委”成员(村支书、村民委员会主任已列入街道统一考核的除外)和村文书、报账员的年终职务岗位补贴，在年终党员、村民代表会议进行投票评议，按评议结果分一般、较好、好3档，给予每人年终补贴400元、600元和800元。

6.民兵连长、团支部书记、农技员、老年协会会长、老年学校校长的岗位补贴，年终发放每人100元。

7.村雇用工作人员的岗位工资：

①山林管理员：每月300元；

②溪滩沙场管理员：每月300元；

③双河头泵管理员：每月240元；

④村电工：每月400元；

⑤村广播、有线电视线路管理员：每年540元。

8.上述标准可根据当年村经济状况及工作量适当调整。但调整方案必须经村民代表会议决定后方可实施。

（五）财务公开及财务审计

1.财务公开，村集体财务收支情况每月逐笔公布一次，一次公布张贴时间不少于半个月。

2.财务审计采取专项审计、定期审计相结合的办法，根据上级或多数村民的要求，经村“两委”研究，可进行专项审计。届末必须定期进行审计。

三、村事务管理

（一）后陈村计划生育管理

涉及计划生育政策的问题，须经村“两委”集体讨论。1.对当年出生子女的夫妇名单、社会抚养费征收情况等内容要在村公开栏进行公示。2.照顾再生育一孩的夫妻名单、计划生育公益金安排对象按下列程序办理①必须由户主提出书面申请。②经村“两委”集体讨论审核。③在村公开栏张榜公示。④听取监委会意见，如意见不一致，提请村民代表会议决定。⑤符合条件的，报街道办事处审批。⑥审批结果进行公示。3.违反计划生育法规出生的子女，不交罚金的不享受本村经济合作社的任何待遇。

（二）后陈村村民建房管理

村民建房必须严格执行土地管理相关法律法规中关于一户一宅有关规定。

要求建房的村民，按下列程序办理：①必须由户主提出书面申请；②经村“两委”会集体讨论审核；③在村公开栏张榜公示；④听取监委会意见，如意见不一致，提请村民代表会议决定；⑤符合条件的，报街道办事处审核；⑥上报县有关部门审批；⑦审批结果进行公示。

（三）后陈村户口变动的案例规定

为适应有关户口迁移政策的变动，管理好本村的户口，在上年度有关户口变动的管理规定基础上，对户口变动作了修改和补充。

1.本村人口从本村迁入大中专学校的，大中专在校学生，毕业后八个月内不迁回本村的，就不准再把户口迁回。其中历届的大中专学生转学，升学期间的时间不超过八个月的，毕业后也不超过八个月，同时又能证明本人的户口未落实到工作单位外，本人自愿的户口可以迁回本村，享受本村经济合作社在册人口的同等待遇。

2.原本村人口(男、女)因婚嫁把户口迁到对方入户后，一律不准再把户口迁回本村。

3.本村人口凡因婚嫁，已办理登记手续或已举行婚礼仪式的，从登记之日起或举行婚礼次日起，都应把户口迁到对方入户，若不迁出的，归类挂靠户口，不享受任何待遇。

4.超计划生育的或弃婴所抚养的未满十四周岁的，按计划生育政策之规定执行，已办理有关手续或已交罚款的除外。

5.本村人口，因婚嫁，配偶原有子女的户口一律不准迁入本村。

6.本村人口有儿子的农户，女儿的户口按本规定第三条执行，女婿的户口一律不准迁入本村。

7.本村人口，只有女儿的农户，其女儿的户口同样是本村经济合作社在册户口，可以落实一个女婿的户口，但其女婿户口登记日起6个月内不迁入的，视作外嫁处理。

8.原本村人口，不论男、女迁出后，其配偶的户口一律不准迁入本村。

9.遇到本规定条款尚未明确，要求迁进本村的户口，需经党员、村民代表大会讨论决定后实施。

（四）后陈村非经济合作社人员的待遇享受的规定

非本村经济合作社户口的人员，其跟随亲属长期生活在本村的，在加入老年协会前不享受经济合作社人员的任何待遇，在加入老年协会后，可享受老年协会活动经费人均100元以下(含100元)的全额待遇，活动经费人均100元以上的，超出部分自己负50%。

（五）后陈村溪滩砂石管理办法

砂石资源属国家和集体所有，村民因建设需要采砂的，必须向村砂石分管干部申请，管理人员核实批准后方可采运。禁止任何人无偿外运出售和村民出村自用。对私自把砂石运出村出卖的行为，一经村“两委”核实，将从严处罚，手扶拖拉机每车罚500元，方拖每车罚1000元，汽车每车罚2000元。同时希望各村民积极举报，对举报有功者奖罚金30%，并保证为举报者保密。

（六）后陈村公墓管理

根据县民政局有关规定，联系本村实际，公墓管理办法如下：

1.本公墓被上级政府指定为生态公墓，经村“两委”研究决定成立公墓管理领导小组，安葬必须由村公墓管理领导小组统一安排位置。

2.公墓分南半块、北半块。南半块为移旧坟坑用，北半块为葬坟用。

3.公墓安放尺寸双坑宽度130厘米之内，单坑宽度为60厘米，高度不能超过50厘米。

4.坟前石碑指定黑色花岗岩，宽50厘米，高80厘米。

5.未尽事宜，经党员、村民代表讨论通过后实施。

（七）后陈村外来人口管理办法

近年来，我村的外来人口数量急剧上升，为进一步探索新形势下外来人口管理的工作机制，改善我村治安环境和确保社会稳定，经村“两委”研究决定，制定如下外来人口管理办法：

1.外来人口管理的原则是，谁用工谁负责，谁出租房屋谁负责。

2.出租人在出租房屋后，3天内向村出租房屋管理站办理登记手续，并签订治安安全责任书。

3.出租人不得将房屋出租给无合法有效证件承租人。

4.出租人必须督促承租人在10天内到本村出租房屋管理站办理《暂住证》。

5.发现承租人利用所租房屋进行违法犯罪活动或有违法犯罪嫌疑的，要及时向村管理服务站汇报。

6.不得让承租人利用出租房屋非法生产、储存、经营易燃、易爆、有毒等危险物品。

7.要认真落实好防火、防盗工作，检查好房屋的坚固性，防止意外情况发生。

8.认真带领和督促外来人员学好村规民约，养成良好的个人和公共卫生习惯，美化村庄环境。

（八）后陈村低保对象确定，救灾、救济款物发放使用管理

救灾、救济款物的发放使用，低保对象确定、标准及建议名单，须经村“两委”会集体讨论确定，并在村公开公示，然后上报有关部门。

（九）后陈村印章管理使用和会议记录

1.村民委员会印章由村文书管理，并实行公章使用管理登记制度。

2.村召开各种会议应指定人员进行记录，记录人应详细登记会议研究的内容及其事项，与会人员必须在会议记录簿签名。

本村务管理制度未尽事项参照《金华市村级组织工作规则（试行）》和《武义县村经济合作社财务管理制度（试行）》有关规定执行。

后陈村村务监督制度

一、村务监督组织机构及职责

根据民主监督原则，设立村务监督委员会。监委会在党支部正确领导下，开展村务公开民主管理的监督工作。

（一）村务监督委员会产生和组成

1.监委会由村民代表会议表决产生，经村民代表会议授权实施监督，并对村民代表会议负责。监委会任期与村民委员会同届。

2.组成人员条件。思想政治素质好，政策法律意识强，热心为村民服务，坚持原则，公道正派，在群众中有较高威信，敢于监督，不是村“两委”班子成员及其直系亲属的村民代表。

3.监委会由3人组成，设主任1人，组成人员在村民代表会议中推选或选举产生。监委会成员受村民代表监督，村民代表会议有权撤换违法乱纪、严重失职的监委会成员。

（二）监委会职能

1.坚持党的领导，对执行党的路线、方针、政策及村级各项管理制度情况实行监督。

2.列席涉及群众利益的重要村务会议。

3.对村事务、财务公开清单和报账前的凭证进行审核。

4.建议村民委员会就有关问题召开村民代表会议。

5.对不按村务管理制度规定做出的决定或决策提出废止建议，村民委员会须就具体事项提交村民代表会议表决决定。

6.协助街道党委对村"两委"成员的年终述职考评。

7.根据多数村民和村民代表的意见，对不称职的村民委员会成员提出罢免意见，提请村党支部，报上级党委、政府后，依法启动罢免程序。

（三）监委会义务

1.支持村"两委"正常工作，及时消除村民对村"两委"工作的误解。

2.定期不定期向村党支部和村民代表会议报告村务监督工作情况。

3.及时向村党支部、村民委员会等组织反映村民对村务管理意见的建议。

4.联系村民，广泛听取意见，履行监督职责。

二、村民代表会议制度

村民代表会议制度是经村民大会授权，行使村民自治权力的机构。凡涉及村民关心的重大问题的决策均由村民代表会议表决。

（一）村民代表的产生

按全村总户口数10～15户民主推选产生1名代表。该代表具体负责联系该10～15户村民，行使村民代表权力前，须事先听取联系户的意见。

（二）村民代表会议的职权

1.讨论决定本村的社会和经济发展规划，年度生产经营计划。

2.讨论决定重大经济项目的立项，承包原则和收益分配原则。

3.讨论决定村庄建设规划，集体或村民建房用地计划及安排。

4.讨论决定本村人口生育计划。

5.审议村民委员会工作报告及财务收支情况报告。

6.民主评议村民委员会成员。

7.制定修改村规民约和村民自治章程。

8.讨论决定涉及全体村民利益的重大问题，讨论决定村民委员会提交的其他重大事项。

9.讨论决定村干部误工报酬标准。

10.村民代表会议形成的决议和其他日常工作在党支部的领导下由村民委员会负责落实和办理。

三、村务公示制度

对涉及村级管理的重要行政事务，村集体经济活动及其他涉及村民利益的重要事项等均须实行上墙公示，接受村民监督。村务公示工作由村民委员会具体组织实施，由村监委会负责监督、检查、落实。

（一）事务公示

1.公示内容：

(1)村民大会、村民代表会议讨论决定事项的实施情况；

(2)村财务收支情况；

(3)村土地、集体企业和资产的承包、经营和租赁情况；

(4)征用土地各项补偿费使用情况；

(5)村民建房审批情况；

(6)村民承担费用和劳务情况；

(7)水、电等费用的收缴情况；

(8)优抚、救灾、救济款物的发放及低保对象的确定情况；

(9)国家计划生育政策的执行情况；

(10)村干部年度工作目标执行情况；

(11)村公共设施建设项目的投资、承发包情况；

(12)村民户籍迁移情况；

(13)涉及村民利益和村民普遍关心的其他事项。

2.公示形式：及时在公开栏上张榜公布。

3.公示时间：分长期固定内容公示和临时短期公示两类。对村"两委"年度工作目标、责任人等年度性的工作实行全年公示；其他内容视情况公示7–15天。

(二)财务公示

1.公示内容：

(1)每月村集体财务收支情况：

(2)集体资产经营，如承包、处置等收入；

(3)土地征用费分配使用情况；

(4)债权债务情况；

(5)招待费开支；

(6)村干部误工报酬、通信费补贴支出；

(7)建设工程项目资金的筹集、投入情况；

(三)考核实施

考核工作由街道党委牵头组织，实行村"两委"年度述职考核。考核中要充分听取监委会的意见。考核结果以书面形式作出反馈。综合考核情况，作为务工报酬考核补贴和各类评先评优的依据。连续两年考核不称职的，要按章依法做出相应的组织处理。

本村务监督制度未尽事宜由村民代表会议负责解释。

(8)低保对象确定，救灾救济款物、上级拨款的发放使用情况；

(9)村民关心的其他重大财务事项。

2.公示形式：以现金日记记账形式定期在公开栏上公示。

3.公示时间：每月一次，在月初公布上个月的财务收支日记账。

四、听证制度

村民大会或村民代表会议对重大事项和涉及村民利益事项决策前，要充分听取意见进行科学论证。村务监督委员会可根据大多数村民和村民代表提出的意见，以书面形式建议村民委员会进行听证，实施监督。

（一）听证内容

1.决策前听证。旧村改造、大批量农民建房及地块安排等关系村民切身利益的重大事项。

2.村民对村务公示内容有疑异，并经大多数村民和村民代表提议，确需村民委员会作出说明解释的。

（二）工作程序

1.重大事项决策前听证，由村民委员会拿出决策方案后实施听证。

2.监委会提出的听证，由村民委员会召集听证会，并负责报告听证事项，广泛听取村民意见，接受查询。

3.听证后修改完善方案，形成处理决定，提交村民代表会议表决。

4.监委会提出的听证方案，如果村民委员会7日内没有正当理由不作出听证决定或解释，监委会有权向街道办事处或上级主管部门反映。

五、村干部述职考核制度

（一）考核对象

村两委班子成员。

（二）考核内容

1.村“两委”正职综合测评考核具体包括本村年度工作成绩、街道评价、县职能部门评价、村民代表评议。

2.其他班子成员个人综合测评考核，具体包括本村正职评价和村民代表评议。

资料 2

浙江省常山县辉埠镇：

村民代表质询制度

浙江省常山县辉埠镇位于浙江省的西部，在当地属于经济比较发达的乡镇。为了充分发挥村民代表的作用，体现村民代表会议参政议政，决策村务大事，监督村民委员会工作的职能，辉埠镇党委、政府在2004年试点的基础上，2005年3月在全镇推行了“村民代表质询会议”制度，并以此作为知民意、集民智、顺民心的重要载体。

辉埠镇在《关于深化“村民代表质询会议”制度加强村级民主建设的意见》中规范了村民代表质询会议召开的时间、参加对象和主要内容。该文件规定：村民代表质询会议召开的时间一般每个季度召开一次，就这一时期村民代表、村民提出的一些问题进行解答。如果遇到村民反映强烈、村民或者村民代表提议时，及时召开。村民代表质询会议的参加对象是村民代表、村民委员会和村党组织成员以及乡镇驻村的指导员。除了提议的村民代表外，其他村民代表则根据会议主题涉及范围，由村民委员会和村民小组推荐产生，一般在10人以上。对于涉及范围很广的主题，则通过广播、公告等形式告知全体村民，并请其参加。对乡镇、县级有关部门则根据会议主题邀请参加。村民代表质询会议的内容主要围绕村经济建设、社会事业发展及村民关心的热点、难点问题确定。一次质询会议一般设一个主题，由村“两委”根据村民代表提议以及问题的轻重缓急来最终确定。

辉埠镇在此文件中还规范了村民代表质询会议组织，也就是村民代表质询会议的召集程序。主要有：1.提出议题。议题的提出有多种方式，村民可以个人或者联名反映其所发现的问题，村民代表也可以联名提出议题，村民委员会和村党组织也可以根据村的实际情况确定议题。2.确定议题。在确定议题之前，村民委员会和村党组织“两委”成员、乡镇驻村指导员等要召开会议，对当前村民反映的问题进行汇总和梳理，根据问题的轻重缓急等确定质询会议的议题和会议召开的时间、地点，并就参加对象、质询中可能碰到的问题等进行分析预测，研究对策措施。3.会议准备。议题确定后，村委会干部分工负责，制订有针对性的工作计划，进行各种必要的准备，例如，发布公告，告知村民会议的议题、时间、地点，并引导村民参与议题的讨论；确定参会村民，村民可以自愿报名参加，村“两委”也可以邀请和议题有关人员参加，对村民普遍关心的则要求每户都要有人参加。4.召集会议。质询会议由村“两委”组织召开，首先提出会议议题，就议题的由来、碰到问题、几个设想方案等进行详细介绍；其次由村民代表围绕会议议题发言，提出自己的疑问、意见和建议；再次是答疑沟通，村“两委”干部、驻村指导员就大家提出的问题和与会人员讨论，解释说明有关情况；最后是总结归纳，经过讨论形成一致意见的，宣布会议结论；对未形成一致意见的再次研究，暂不作结论。5.会后工作。会后，村“两委”要及时分析会议反映问题，确定落实要求措施。对能落实的，及时落实；对不能及时落实的，限时落实；对不符合政策规定的，做好解释说明。会后落实情况，要通过公开栏、告知说明书以及会议通报等形式及时向村民反馈，接受村民监督。

中共辉埠镇委员会　辉埠镇人民政府

关于深化“村民代表质询会议”制度加强村级民主建设的意见

村民代表会议是村民参政议政、民主决定村务大事的重要组织形式。“村民代表质询会议”制度是充分发挥村民代表作用，更好地反映民意、集中民智、顺应民心的重要体现。为进一步规范并深化“村民代表质询会议”制度，经党委、政府研究，特提出如下意见：

一、指导思想

以邓小平理论和“三个代表”重要思想为指导，按照《中华人民共和国村民委员会组织法》、《浙江省实施<中华人民共和国村民委员会组织法>办法》等有关法律法规的规定，进一步引导、保护和发挥好村民代表参与村级各项重大事务的积极性，提高村级各项工作决策的前瞻性、科学性和实效性，切实转变干部工作作风，推动各项工作的落实，推进农村“三个文明”建设，维护和谐稳定的发展局面。

二、主要内容和组织形式

1.时间安排：“村民代表质询会议”一般每季度召开一次，通过会议了解群众想什么，盼什么，求什么，急什么。如遇到群众关心的阶段性热点问题、与群众关系密切的难点问题，视情况及时召开。

2.参加对象：“村民代表质询会议”参加对象是村民代表和村“两委”干部及驻村指导员。其中村民代表根据会议主题涉及面，由村民委员会和村民小组推荐产生，人数在10人以上。一些内容涉及面广的主题，则通过广播、公告等形式，告知村民，欢迎踊跃参加，不限人数。镇机关参加“村民代表质询会议”的干部依照工作分工确定。根据会议主题，还可邀请县级机关有关部门领导到会。

3.质询内容：“村民代表质询会议”主题围绕村经济建设、社会事业发展及与群众生活息息相关的热点、难点问题确定，一次“质询会”一般设一个主题，主题由村“两委”会议确定。确定后，由村“两委”会确定专人搞好调查研究，分析存在的问题，提出相应的对策措施，做好会前准备。“质询会”主题要提前一周通知与会人员，并通过广播、公告等形式把“质询会”主题、时间、地点向村民公布。

4.会议组织：“质询会”由“两委”组织召开，由村一把手主持，程序(1)提出主题。就主题的由来、碰到的问题、几个设想及有关事项作出详细介绍；(2)集思广益。村民代表围绕主题，畅所欲言，提出自己的意见和建议；(3)答疑沟通。村“两委”干部、驻村指导员就大家提出的有关问题和与会人员进行讨论，解释说明有关情况；(4)总结归纳。对形成一致意见的问题，宣布质询结论，未形成比较一致意见的问题，一般不作结论，由村“两委”再进行研究。“质询会”设立专门记录本。

5.会后落实：“质询会”后，村“两委”要召开会议进行专题研究。对会议情况，尤其是村民代表提出的意见、建议进行汇总梳理，汲取有益思想，体现在工作当中，对群众提出的问题，一件一件分析，一件一件提出意见，做到件件有答复，能马上办的及早抓落实。“质询会”及有关落实情况，在村务公开栏中公布。通过广播向村民公开，接受群众监督。

三、几点要求

1.加强领导。各村“两委”会要把“村民代表质询会”制度作为一项经常性工作列入重要议事日程。村里要成立以村党支部书记(负责人)任组长，村民委员会主任任副组长，各村民小组长任成员的领导小组，认真按照规定程序和方式开展工作。

2.强化考核。镇党委、政府把“村民代表质询会议”制度作为村级组织规范化建设的一项重要内容，列入镇对村年度工作目标考核。对“村民代表质询会议”制度未落实、作用发挥不明显的村，要追究相关负责人的责任。

各村要对实施“村民代表质询会议”制度情况及时进行总结，对其中好的做法和经验以及遇到的新情况和新问题要及时向镇党委、政府反馈。要进一步完善各项规章制度，健全相关工作台账，确保“村民代表质询会议”制度落到实处。

2005年3月10日

资料3

浙江省衢州市柯城区杭埠镇:

“两监督一赔偿”制度

浙江省衢州市柯城区杭埠镇位于浙江省的西部，在当地经济并不十分发达。为了强化村级民主监督，2002年9月杭埠镇开始试行“两监督一赔偿”制度。所谓“两监督一赔偿”制度，就是在村级建立村民代表工作组对村民委员会的村务管理活动进行事权监督、建立民主理财小组对村集体经济合作社管委会的经济管理活动进行财权监督，促使村干部严格按照相关法律和规章制度办事。村民委员会、村集体经济合作社管委会成员违规决策、管理、审批等给村集体经济造成损失的，要承担相应的民事赔偿责任。这是一项以村级原有民主监督组织为依托，以追究村干部违规行为的民事责任，并进行过错赔偿为主要内容的村级民主监督制度。其主要的做法是：

一、建立村级监督组织

监督组织是开展民主监督的载体和依托，“两监督一赔偿”制度要求每个村庄建立两个专门的监督组织。

（1）村民代表工作组

由全体村民代表从村民代表中推选出3名成员组成村民代表工作组。工作组组长提倡经过村民代表会议推选由村党支部书记担任，以加强对村民委员会的监督，而村民委员会成员需要回避，不得担任村民代表工作组成员。村民代表工作组负责村民代表会议的日常工作，并作为村级事权监督机构主要对村民委员会及其成员的治理行为实施监督。

（2）民主理财小组

由村民代表会议推选3名有相关知识和能力的村民组成民主理财小组，民主理财小组设组长1名。村集体经济合作社管委会的成员需要回避，不得担任民主理财小组成员。民主理财小组作为村级财权监督机构对村集体经济合作社管委会的经济管理工作实施监督，每月对村级财务情况进行审查，监督村级财务管理制度的实施。村民代表工作组和民主理财小组成员产生后向全体村民公示，接受村民群众的监督。

二、签订村干部过错行为承担民事责任协议书

村民委员会、村集体经济合作社管委会成员须公开承诺：依照法律和制度履行管理职责，对因违规决策、管理、审批给集体经济造成损失的，承担相应的赔偿责任。144村民委员会、村集体经济合作社管委会成员分别与村民代表工作组、民主理财小组签订《村干部过错行为承担民事赔偿责任协议书》。协议书明确规定，村民委员会、村集体经济合作社管委会成员在村务管理中对下列事项因违规决策、管理、审批给集体经济造成损失的，要承担相应的赔偿、返还责任。具体有以下11类：

(1)村集体建设项目的确定及其工程发包；

(2)土地规划和宅基地分配、使用；

(3)土地征用及各项补偿费的使用方案(法律另有规定的除外)；

(4)集体资产出租和其他收益的管理和使用；

(5)建设资金筹集、管理和使用；

(6)违反规定报销；

(7)以集体资产为其他单位或个人提供担保；

(8)超过接待标准又不能说明理由；

(9)挪用集体资金；

(10)公款私存或违反现金管理规定；

(11)侵占其他集体资产。

三、依法追究民事赔偿责任

村民委员会或村集体经济合作社管委会成员如果出现过错，村民代表工作组或民主理财小组可责令其更正；如果村干部的过错行为给村集体造成经济损失的，可要求其作出相应赔偿；如果村干部的违约行为造成集体经济损失又拒不赔偿的，则村民代表工作组或民主理财

小组可以依据《村民自治章程》的授权和村干部过错行为承担民事责任的协议，推举组长或副组长为诉讼代表人，代表村集体向人民法院提起诉讼，通过法律途径追究其民事赔偿责任。

承 诺 书

本人 ______ ,男(女)________, ____ 年 ____ 月 ____ 日出生,文化程度 ____________________,柯城区航埠镇 ________________ 村的村民,经村民选举,作为本届村民委员会成员。为履行好职责,现承诺如下:

我一定模范遵守国家的法律、法规、规章,严格按照村民自治章程、村民委员会议事规则和村民代表会议议事规则规定的内容及程序办事,认真履行自己的职责。并承诺对下列事项由于违规决策、违规管理、违规审批给村集体经济造成损失的,承担相应的赔偿、返还责任:

(1) 村集体建设项目的确定及其工程发包;
(2) 土地规划和宅基地分配、使用;
(3) 土地征用及各种补偿的使用方案(法律另有规定的除外);
(4) 集体资产出租和其他收益的管理和使用;
(5) 建设资金筹集管理和使用;
(6) 违反规定报销的;
(7) 以集体资产为其他单位或个人提供担保;
(8) 超过接待标准又不能说明理由的;
(9) 挪用集体资金;
(10) 公款私存或违反现金管理规定;
(11) 侵占其他集体资产的。

本人愿意以个人身份与村民代表工作组签订协议书,并严格执行协议书的规定,在党支部领导下,自觉接受村民代表和全体村民的监督,尽职尽责,为本村经济的发展和社会稳定做出应有的努力。

承诺人:

年 月 日